KB122563

기본기를 익히는 것이 승자가 되는 비결이다!

현대 레슬링 교본

현대레저연구회편

太乙出版社

첫머리에 *

기본기를 익히는 것이
승자가 되는 비결

무슨 운동이나 다 마찬가지이겠지만, 레슬링 역시 기본기를 잘 익혀야만 고도의 기술에 쉽게 접근할 수가 있다.

원래 레슬링은 일본에서 발달하여 우리나라에 상륙한 스포츠이지만, 이제는 올림픽을 비롯한 각종 세계 대회에서 우리나라가 명실공히 일본을 누르는 레슬링 강국으로 등장하게 되었다.

이 책은 레슬링에 대한 기본적인 지식은 물론 실전에서의 다양한 테크닉을 익혀 활용할 수 있도록 하기 위해 엮어진 「레슬링 교본」이다. 독자층을 초보자와 전문가를 망라한 레슬링 애호가로 삼았으므로, 레슬링을 배우기를 희망하는 사람이나 레슬링에 대해 관심을 가지고 있는 사람이라면 족히 유용한 지침서로서 활용할 수 있으리라 믿는다.

가급적이면 자세한 해설과 함께 하나 하나의 동작에 관한 연속 사진을 첨부하였으므로, 아직 초보의 단계에 있는 독자라 하더라도 능히 이해하고 쉽게 배울 수 있을 것이다.

레슬링에 관심을 가지고 있는 사람으로서 한 가지 유념하여야 할 것은, 너무 승부욕에만 집착하지 말라는 것이다. 승부욕에만 집착하다 보면 완벽한 기술을 익히기가 어려울 뿐만 아니라, 자칫 잘못하다간 건강을 해치는 사고를 유발시킬 수도 있기 때문이다. 차근차근하게 기본기를 익혀나가는 길만이 참다운 승리자가 될 수 있는 지름길이다.

아무쪼록 이 지침서가 레슬링에 관심을 가지고 있는 독자 여러분의 기대에 조금이나마 부응하기를 진심으로 바라는 바이다.

편 자 씀

차　례*

*차 례

차 례 *

제 2 편 / 기술(技術)

8

*차 례

차   례*

* 차   례

제 1 편

총설 (總說)

제1장
레슬링의 역사

1. 레슬링의 기원

렛슬레(Wrestle)라는 단어는 보통 '맞붙어 싸우기'라고 번역할 수 있다. 즉, 상대와 서로 맞붙어, 그 저항을 배제하려는 상태를 가리키고 있다. 그 레슬링의 역사는, 인류의 문화와 그 기원을 같이 하고 있다. 그 이유로써는, 다음의 2가지 사항을 들 수 있다.

제1로, 레슬링은 인류가 원시 시대를 영위하고 있던 일상의 노동형태와 연결지을 수 있다. 인류의 문화는 도구의 사용에서 시작된다고 일컬어지고 있는데, 도구의 사용 이전의 인류는, 이미 자신의 사지(四肢)나 신체를 이용하면서 큰 돌을 움직이거나, 나무를 쓰러뜨리거나할 수 있는 능력을 가지고 있었을 것이라고 상상된다. 이와같은 능력은, 도구의 사용과 더불어 점점 복잡화되고, 고급화되어 현재에 이르고 있다. 이와같은 일상 생활 중에서 고안된 사지(四肢)나 신체의 유효한 사용도, 상대를 쓰러뜨리거나 내던지거나 하는 레슬링의 고도 기술도, 결국은 같은 맥락이라고 할 수 있다. 즉, 인간이 레슬링 이라는 수단을 통하여 발휘된 효과를 알 수 있게 된 최초의 기회는, 그 상대가 인간과 다른 물체였으며, 인류 초기의 일상 생활에 있어서 연구를 통하여 생겨난 것이라고 생각할 수 있다.

제2로, 레슬링은 인류가 생활하기 위한 불가피한 것이며, 다른 동물과의 투쟁에 관계되는 것이다. 미개 시대의 사람들은 일상 행동 중에서, 때때로 짐승과 만나게 되었을 것이라고 추정된다. 그와같은 경우에 그다지 위력이 없는 무기만을 갖고 있었던 그들에게 있어서는, 한결같이 격투 기술이 자기를 보호하는 유일의 수단이었을 것이라고 생

〈그림 1〉베니핫상의
묘지의 벽에 그려진 레
슬링 군상의 일부

각된다. 만일 진다면, 그것은 죽음을 의미하는 것이기 때문에, 그들은
평상, 가족이나 동료들과 칼 겨루기나 패를 나누어 체력을 단련하는
한편, 이기기 위하여 기술적인 연구도 게을리하지 않았을 것이라고 생
각된다.

그리고, 이와같은 짐승 상대의 소박한 레슬링이 아닌, 확실한 격투
기술로써의 레슬링이 최초로 역사상에 등장한 것을 실증할 수 있는 것
은 메소포타미아(지금의 이라크)에서 유적이 발견되는 것에 의해서이
다. 이것은 돌판에 새겨진 상으로, 스메리아인이 만든 것으로, 적어도
5000년을 경과했을 것으로 추정된다. 마찬가지로 유적으로써는, 나일강
하구에 있는 베니핫상의 묘지의 벽에 그려진 레슬링 군상을 들 수 있
다.이것은 고대 이집트에 있어서 중왕조(中王朝) 기의 작품으로 약4000
년 이전에 만들어 진 것이라 한다. 그 벽화에는 342가지에 달하는 레
슬링의 서로 맞잡은 모습이 그려져 있으며, 고대의 레슬링을 탐구하
는 중요한 단서의 하나로써 다루어지고 있다. 예를들면, 이것에는 현
재에도 사용되고 있는 수법에 해당하는 것이 포함되어 있어, 당시 이미
고도의 기술을 가지고 있다는 것을 확실히 알 수 있다. 흥미있는 것은
서로 맞잡은 손 전부가 프리·스타일의 기술로, 당시 그레코·로망·스
타일은 실시되지 않았음을 알 수 있다. 누워메치는 기술의 그림도 꽤
있는데, 이상한 것은 브릿지를 그린 것은 한장도 발견 할 수 없다. 이
것은 레슬링의 규칙상의 여러가지를 시사해 주는 것이다.

그 외, 고대의 중국, 인도, 페르시아, 헤브라이 등, 각각 문명 발상지 라고 일컬어지는 지역에서도 수 많은 레슬링에 관한 유물이 발견되고 있으며, 그들 작품은 레슬링이 먼 고대에 훌륭한 형태를 갖춘 격투기로써 존재하고 있었던 것을 뒷받침 해주고 있다. 이것은 레슬링이 민중의 것으로 친숙했으며, 그들과 함께 걸어왔다는 증거로써 상당히 명료하게 판명되고 있는 것이다.

2. 레슬링의 발달

(1)고대 레슬링

고대에 레슬링이 가장 융성했던 시기는, 그리이스, 로마 시대이다. 그리이스 시대의 레슬링에 대해서는, 기원전 1000년 이상 전에 호머가「일리아드」나「오딧세이」안에서 언급하고 있다. 여기에「오딧세이」제23가(歌)에 있는 오딧세이와 에이잭스와의 싸움의 묘사는, 당시의 레슬링을 이해할 수 있는 유일한 단서로서 귀중한 역할을 다하고 있다. 기원전 776년부터 부활된 올림피아 경기에 레슬링은 단독 경기로써 만이 아닌, 오종 경기로써도 등장하고 있다 (제18회, 기원전 708년). 제23회 (기원전 688년)부터는 복싱과 레슬링을 조합한 판크라티온으로써 나타났는데, 이것은 당시의 격투 경기에 대한 인기 정도를 나타내는 것이라 할 수 있다. 게다가 제 37회 (기원전 632년)에는 소년 레슬링이, 제 38회 (기원전 628년)에는 소년 오종 경기도 추가되었다. 그리이스 시대에 실시된 레슬링에는, 다음과 같은 3가지의 형이 있었다.

① 오소파리
이 형은, 현재의 프리·스타일과 같이 상대를 어떤 방법으로 쓰러뜨려도 지장이 없었다. 판정은 상대의 발바닥 이외의 전부를 흙에 닿도록한 경우, 또는 상대를 누워메치기로 누른 경우에 1포인트를 주었다. 승부는 먼저 3포인트를 얻은 쪽이 이기는 것으로 되어있었다.

② 아린딧시즈
이 형은 누워메치기만 실시하는 것이다. 이 형은 한결같이 연습에만 이용 되었으며, 큰 경기 대회에서 사용된 일은 없었다. 눌림을 당하는 쪽이 손가락 1개를 들면 '졌다'라는 선고가 내려지고 시합이 종료되었다.

③ 아크로치리스모스

이 형은 상대를 세번 멋지게 던지면 승부가 정해졌다. 단지 손가락
서로 맞잡기(합장)만이 사용을 허락받았다.

레슬링과 복싱을 함께하는 판크라티온에서는 공격에 모든 수단이 허
락되었다. 예를 들면, 상대편의 두 겨드랑이를 위에서 껴안고 세게 조르
기, 관절 꺾기, 목 조이기, 손바닥으로 치기, 차기 등 모든 수단으로
야만스러운 동작을 행하였다.

단지, 올림피아 경기에서는 눈을 찌르는 것, 입이나 코를 찌르는것,
물어뜯는 것, 급소를 차는 것 등은 금지 되었다.

시대는 그리이스에서 마케도니아, 로마로 크게 바뀌었지만, 올림피
아 경기는 쉬지 않고 계속되었으며, 레슬링이나 판크라티온도 연속하
여 실시되었다. 단 경기 대회의 성격은 시대와 함께 바뀌어, 기원전
500년경부터 점차 직업 선수가 대두하기 시작하게 된 것은 큰 변모였다.

그때까지의 올림피아 경기는, 각 도시에서 뽑힌 일반 시민이 참가하
여 행하였으며, 각 선수는 국가의 영예를 위하여 땀을 흘렸다. 그러나,
그리이스 시대부터 로마 시대에 걸쳐서는, 경기 대회는 상품을 타려는
직업 선수에 의해 실시되었으며, 그들이 생계를 얻기 위하여 직업의
장으로 삼았다. 관중도 전문적인 훈련을 받은 직업 선수의 연기를 보
고 즐기게 되었다.

올림피아 경기는 제 293회째 (기원전 393년)의 로마의 데오도시우스
황제 시대에, 이교의 탄압이라는 종교상의 이유에서 폐지되었다. 그
러나 이 로마 시대에는, 레슬링 역사상 그냥 넘길 수 없는 중요한 사건
이 있다. 그것은, 그리이스인이 실시했던 초기의 레슬링에, 로마인이
그들 고유의 방법과 규칙을 섞어, 현재 널리 세계 각지에서 실시하고
있는, 그레코·로망형 레슬링의 원형이 되는 새로운 형을 만들었던 것
이다.

(2) 중세의 레슬링

중세기에 들어가서, 레슬링은 봉건 제도의 영향을 받아, 기사들의 훈
련상 빼놓을 수 없는 무술로써 장려되었다. 이 기사 시대의 레슬링은,

16

초기 경에는 거의 호신술로써의 목적으로 일상 연마되었던 것이다.

그러나, 시대가 경과함에 따라 그 목적은 점차로 신체 단련적인 방향으로 기울어갔다. 그리고 기사가 작법 시대를 맞이하던 무렵에는, 레슬링은 처세(処世)상의 보신술(保身術)로 간주될 정도로 그 목적이 변용되었다.

레슬링이 무기 시대에 종지된 것은, 전쟁 양식의 변혁 때문이다. 유럽의 전쟁 방법은 16세기 후반부터 크게 변화되었다. 그것은 화포의 발명이다. 그때까지의 전투에서는 개인의 전투 기술이 매우 높은 비중을 차지하고 있었는데, 화포가 사용되게 되자 전투의 양식이 일변되어, 전투는 화포의 위력이나 기계화의 규모에 의해 결정되게 되었다. 그 때문에 레슬링은, 전장에 있어서 격투 기술로써 큰 역활을 하던 목적을 않고, 스포츠로의 길을 걷기에 이르렀다.

(3) 근대 레슬링

18세기의 전반, 이미 유럽의 각지에서는 국가주의가 들판의 불과같이 퍼져나갔다. 그와같은 정치적인 정세가 가장 최고조에 달했을 때 아메리카의 독립 전쟁(1775~1783)이나 프랑스 혁명(1789~1792)이 일어났다. 이들의 사건은, 유럽에 있어서 국가주의의 불길을 더욱 불타오르게 했다. 그 때문에 각국의 체육 사상도 국가주의의 영향을 받게 되었는데, 특히 레슬링은 청소년의 신체를 만드는 가장 적절한 방법으로써, 유럽 각국에서는 군대나 일부 학교의 체육 교과로써 도입하고 있었다. 물론, 중세기에 있어서의 무술적 색채는 자취를 감추고, 생리학이나 의학을 기초로 한 스포츠로써 채용되었다.

그러나, 레슬링이 세계 각국에 있어서, 모든 국민에게서 사랑받게 된 것은 19세기 후반부터의 일이다. 이와같이 레슬링이 각국에서 비약적인 성장을 한 원인으로써는, ① 학교 체육의 확립, ② 클럽 조직에 의한 사회체육의 보급, ③ 올림픽의 발전이라는 세가지 면을 들 수 있다.

①에 대해서는, 다음과 같은 것을 말할 수 있다. 본디 유럽의 학교 제도는 대중을 위한 초등 학교와 상류계급의 중등 학교의 두가지 형이 각각 다른 과정을 거치며 유지되어 있었다. 그런데 20세기에 들어와 교육의 기회균등이 제창되고, 제도화되고, 의무화 되었다. 이 학교 교육의 확립에 따라서 학교 체육이 실시되게 되었다.

유럽을 지배하고 있는 그레코·로망·스타일은 주로 민간 클럽의 조직에 의해 보급되어진 것인데, 앞에서 서술한 학교 체육의 일환으로써 육성되었다는 것도 놓칠 수 없는 역연한 사실이다.

②에 대해서는, 영국이 근대 스포츠의 모국(母国)이라고 불리울 정도로, 수 많은 스포츠를 여러 외국으로 수출했는데, 영국이 낳은 프리·스타일은 그야말로 그 시대를 대표하는 대표적인 스포츠의 하나이다. 영국의 레슬링은 스포츠 교육의 영향을 받은 후, 19세기 후반, 세계의 각지에 웅비한 영국의 엘리트들에 의해 지구상의 모든 지역에 전해져, 당시 각지에 설립되어 있던 클럽 조직을 이용하여 보급되었던 것이다.

③에 대해서는, 쿠베르탱 남작의 제창에 의해 1896년부터 개시되었던 근대 올림픽 대회는, 레슬링의 보급에 큰 공헌을 했다. 레슬링은 제 1회부터 단독 종목으로써 채용되었는데, 최초에는 겨우 4개국, 5명의 선수가 싸웠다.

제18회 동경 대회가 42개국, 약280명에 달하는 선수가 참가했던 것에 비추어보면, 근대 올림픽 대회가 한 역할의 위대함을 통감할 수 있을 것이다. 현재, 국제 아마추어·레슬링 연맹(IAWF . FILA)의 가맹국은 78개국이다.

3. 각 민족의 레슬링

앞에서 서술한 것과같이 몇세기를 거쳐, 레슬링은 대중적인 스포츠로써 누구와도 친숙해졌으며, 세계 각지에 보급되어있다.

레슬링의 명칭은 각국에 따라 여러가지로 붙여져 있는데, 표1은 레슬링을 발전시킨 각국의 격투 경기를 나타낸 것이다.

표1. 각 민족의 레슬링 분류

분 류	레슬링의 형	레슬링의 명칭
1. 상반신만을 사용하며, 발기술은 사용하지 않고, 적의 하반신을 공격해서	1. 러시아의 레슬링 2. 루마니아의 레슬링 3. 타타르의 레슬링 4. 우즈벡의 레슬링 5. 고대 그리이스의 레슬링	토룬타 크리아슈 크라슈

는 안된다 (서 서하는 기술만 을 하는 레슬링)		
2. 상반신과 발 기 술을 사용하는 데, 적의 하반 신을 손으로 공 격하지 않는 레 슬링 (서서하는 기술만의 레슬 링)	1. 러시아의 레슬링 2. 루마니아의 레슬링 3. 카제프의 레슬링 4. 타지크의 레슬링 5. 토루크맨의 레슬링 6. 그루지아의 레슬링 7. 키루기스의 레슬링 8. 아루메니아의 레슬링 9. 야쿠트의 레슬링	발 기술만을 사용하 는 토룬타 크레스 고티 코레슈 테다오버 그레슈 코호 크루다츠안토스트
3. 상반신, 하반신 의 공격 모두 사 용하는 레슬링 (서서하는 기술 만의 레슬링)	1. 타지크의 레슬링 2. 토우인의 레슬링 3. 몽고 씨름 4. 야쿠트의 레슬링 5. 일본 씨름 6. 스위스의 옛 레슬링 7. 스위스의 신식 레슬링 8. 토루코의 레슬링 9. 영국의 레슬링 10. 우즈벡의 레슬링 11. 인도의 씨름 12. 중국의 씨름	크레슈 바리레다프 하스파가이 씨름 슈우쩰 스위스 · 리벨 자유형 비뷔나 자유형 캐치 · 골드 자유형 프하라 판츄스 슈아이 · 자오
4. 발기술, 하반신 (서서하는 기술, 누워서 하는 기 술)의 공격없는 레슬링.	1. 그레코 · 로망형 레슬링	그레코 · 로망 · 스타 일 · 레슬링
5. 상반신, 하반신 (서서하는 기술, 누워서 하는 기 술)을 공격할 수 있는 레슬링.	1. 현재 실시하고 있는 레슬 링 2. 고대 이집트의 레슬링 3. 고대 그리이스의 레슬링 4. 아젤바지얀의 레슬링 5. 이란(페르시아)의 레슬링	프리 · 스타일 · 레슬링 판크레이션 코시티

	6. 토루코의 레슬링 7. 랑카샤 지방(영국)의 레슬링	카라크작 · 규레슈 올드 · 프리 · 레슬링
6. 상반신, 하반신 (서서하는 기술 누워서 하는 기술 모두)의 공격이 사용되며, 관절 기술을 사용하는 레슬링	1. 러시아의 레슬링 2. 아메리카의 레슬링 3. 일본의 유도 4. 네델란드의 레슬링	산보 캐치 · 아즈 · 캐치 · 캔 · 스타일 프로 · 레슬링 유도

제2장
경기의 개요와
규칙의 개략

1. 경기의 개요

8미리 사방의 매트 위에서 2명의 선수(유니폼에 빨강과 파랑으로 색 구별한다)가 서로 기술을 발휘하여 상대를 던지거나, 쓰러뜨리거나, 상대의 양 어깨를 동시에 매트에 붙이면 이기게 되는 경기이다.

2. 규칙의 개략

●스타일의 종별

아마추어·레슬링에서는, 프리·스타일과 그레코·로망·스타일 두 가지가 있다.

(1)프리·스타일 (Free-style)

프리·스타일은 영국에서 고안된 것으로 전신 자유(규정에 따라)로 잡아 겨루는 경기이며, 그레코·로망·스타일 보다도 기술이 많이 사용되기 때문에 동작도 빠르고 보는 재미도 풍부한 경기이다.

(2)그레코·로망·스타일(Greco-roman-style)

근대의 프리·스타일에 비하여 고전적인 스타일로, 허리 보다 아래를 공격하거나, 반대로, 상대의 공격을 피하기 위하여 허리 보다 아래를 의식적으로 사용하지 않고 겨루는 경기법이다. 이것은, 서서하는 기술, 누워서 하는 기술 모두 상대의 발에 발을 걸거나, 손을 발에 거는 것이 금지되어 있다.

3. 복장(服裝)과 용구(用具)

레슬링 경기의 복장은 가장 가벼운 복장이다. 필요한 용구는, 유니폼(청색과 적색), 신발, 사포타, 트레이닝·셔츠, 양말, 손수건, 타이즈 등이다.

① 유니폼

레슬링의 유니폼은, 규정으로 허리의 반 이상을 가리는 팬티로, 넓적다리 중앙까지 덮는 것이어야 한다. 어깨에 2개의 멜빵을 거는 레슬링 특유의 팬티를 유니폼이라고 한다.

시합에 있어서는 적색이나 청색의 유니폼을 반드시 착용해야하는 규정이 있으며, 적어도 커도 안된다. 신체에 딱 맞는 것을 선택하는 것이 중요하다.

천은 모, 나일론의 두가지가 있으며, 후자인 나일론 제품을 추천하고 싶다.

그것은, 레슬링은 다량의 땀을 흘리기 때문에, 세탁을 많이 해야 하고, 빨리 말라야 하며, 튼튼하기 때문이다.

② 신발 (레슬링·슈즈)및 양말

유니폼 다음으로 중요한 것은 신발이다. 레슬링·슈즈란 특유한 신발이다. 규정에서는, 금장식이 달려서는 안되며, 뒷굽도 없고(그레코·로망·스타일에서는 뒷굽을 붙인다), 평평하며, 바닥은 고무 또는 가죽으로 되어 있어야 한다. 현재 레슬링 슈즈는 나일론과 고무로 만들어져 있는 것, 가죽으로 만들어져 있는 것 2가지 종류가 있다.

가죽 신발의 경우는, 주문으로 발에 맞추어 신을 만드는데, 나일론·슈즈는 신을 발에 맞추어야 하기 때문에, 발이 큰 사람이나 변형인 발인 경우는 주문으로 만드는 것이 바람직하다.

양말은, 두꺼운 흰색 양말로 모 제품이 좋다.

③ 트레이닝·셔츠

시합에는 필요하지 않은 용구이지만, 시합 및 연습시에 대기하고 있는 경우, 체온을 유지하고, 건강을 보존하기 위하여 필요한 용구의 하나이다. 모 제품과 웜, 신발, 사포타, 트레이닝·셔츠, 양말, 손수건, 타이즈 등이다.

④ 그 외의 용구

그 외에는, 연습 중 팔꿈치나 무릎의 관절을 다친 경우에, 규칙으로 여러가지 사포타나 붕대를 하는 것이 허락되어 있다. 이것은 알아두면 편리하다. 그 외, 고등 학교 체육 연맹의 규정에서는, 뱃드·갸를 착용해야 한다.

4. 경기장 (競技場)

아주 옛날 레슬링의 경기장은 초원이나 부드러운 모래 위에서 실시되었기 때문에 야외 경기로써 시작되었다고 할 수 있다. 또 경기장의 크기나 넓이는 일정의 규정도 없이 실시되었었는데, 근대 레슬링의 발전과 함께 경기장이 일정의 넓이로 되었고, 매트의 두께도 규정되었으나, 실내, 실외의 어디서라도 시합을 실시해도 상관없다. 특히 유럽 지방에서는 실외에 경기장이 만들어져 시합이 실시되었다.

5. 매트의 규칙

국제 레슬링 규칙 제 7 조에 의함

● 매트의 넓이

8m 사방 외에 통로 및 위험 방지를 위하여 1.2m 보조 매트를 깐다.

● 매트의 두께

위험 방지를 위하여, 소털이면 10cm이상, 스폰지일 때는 6cm 이상의 두께로 유연성이 풍부하도록 하면 좋다.

● 캠퍼스

비닐 또는 프란넬로 매트 위를 씌워 사용한다.

●매트의 중앙의 원

매트의 중앙에 그어진 직경 1m, 원주 10cm 폭의 원(색은 매트와는 다른 계열)으로 레프리·포지션에서 시합개시의 위치 표시를 위하여 사용된다.

●높은 장소에서 사용하는 경우

1. 지주나 로프는 금지되어 있다. 대의 높이는 지면보다 110cm 떨어지도록 하고 각은 45도 이내로 한다.

2. 매트는, 경기자의 발이 밖으로 나가도 브릿지가 가능하도록 보조 매트가 깔려 있다.

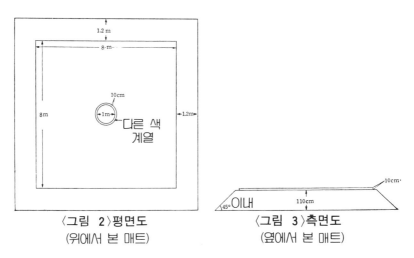

〈그림 2〉평면도
(위에서 본 매트)

〈그림 3〉측면도
(옆에서 본 매트)

6. 시합 방법과 시합 시간

(1)시합 방법

경기의 방법에는, 보통 다음과 같은 종류가 있는데, 연령, 체중의 정도, 참가자수, 시간 등의 관계를 고려하여 적당한 방법을 선택하는 것이다.

①토너먼트

추선 또는, 번호 등으로 순번을 정하여 경기하고, 순차로 맞붙는 방법이다.

단, 무승부인 경우는 계량에 의하여, 가벼운 체중인 경기자를 승자로 하든지 연장 시합을 실시한다 (또 무승부인 경우는 계량) 등의 처리를 한다.

② 밧드·마크·시스템

밧드·마크·시스템이란, 직역하면 벌점법이라고 하며, 아마추어·레슬링 특유의 시합 방법이다.

각 경기자는 각각 6점을 보존한다. 각 경기자는 한 시합마다 승패의 종류에 의해 아래와 같이 일정의 밧드·마크(벌점)를 받는다. 이 벌점이 합계 6점 이상이 되면 실격되며, 이후의 시합에는 출장할 수 없게 된다. 이 방법을 밧드·마크·시스템이라고 한다.

ⓐ 승패에 의한 벌점표

폴 승 ················벌점 0점	폴 패 ················벌점 4점
판정 승 ············벌점 1점	판정 패 ············벌점 3 점
우세 판정 승········벌점 0.5점	열세 판정 패········벌점 3.5점
무승부 ··············벌점 2 점	무승부··············벌점 2 점
무득점 무승부 ······벌점 2 점	무득점 무승부 ······벌점 2 점
실격 승 ············벌점 0 점	실격 패 ············벌점 4 점

ⓑ 추천과 겨루기

이 벌점법은, 각 클라스마다 맨 첫날의 계량을 패스한 경기자에게 추선에 의한 일련의 번호를 붙이며, 추선에 의해 옆 사람이 된 두 경기자는, 제 1회전에 시합을 해야 한다. 경기자 수가 기수인 경우에는, 최고의 번호 수를 뽑은 사람이 밧드·마크를 받지않고 부전승으로써 다음 회전에 진출하도록 하며, 이 회전에 있어서 겨루기의 리스트 제 1이 되는 것이다.

따라서, 밧드·마크·시스템의 조합을 나타내면 다음의 3가지 형식이 있다.

26

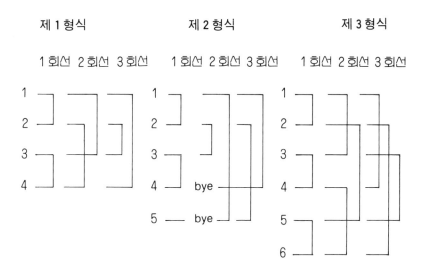

제 1 형식　　　　　제 2 형식　　　　　제 3 형식

1 회선　2 회선　3 회선　　1 회선　2 회선　3 회선　　1 회선　2 회선　3 회선

이상과 같이 회를 겹쳐 함에 따라, 밧드·마크 6점에 달한 경기자를 실격 시키고, 밧드·마크 5점 이하의 사람이 3명 이내가 될 때까지 실시하며, 남은 3명 이내로 리그전을 실시하여 각 클라스의 승자를 결정한다.

⑵ 시합 시간

한 시합은 3개의 라운드로 나누어, 제 1라운드 3분간 싸우고, 1분 휴식, 제 2라운드에서 3분간 싸우고 1분 휴식, 제 3라운드에서 또 3분간 겨루어 시합은 총 9분이 된다. 이 사이에 폴이 있으면 시합은 이내 종료된다.

각 라운드는 언제나 서서 상대방을 넘기는 수에서 시작하며, 레스터의 태세에 영향받는 일 없이 항상 3분간으로 종료한다.

국제 경기 규약

제1 라운드		제2 라운드		제3 라운드	
3분	1분	3분	1분	3분	1분

시합 중 장외로 나가거나 신발의 끈이 풀어지거나 부상 등에 너무 시간을 끄는 경우는, 그 사이는 로스·타임으로써 각 라운드에서 제외된다.

7. 심판원의 종류와 임무

① 심판원의 구성

국제 규정에서는, 레슬링의 심판원은, 레프리 1명, 쟛지 1명, 매트·체어맨 1명을 두고, 합계 3명으로 구성한다.

② 매트·체어맨(Mat – chairman)의 임무

매트·체어맨은 매트 중앙에 위치하며, 쟛지의 채점 용지를 검사하는 것이다. 레프리와 쟛지가 일치할 때는 그대로 판정을 내린다. 레프리와 쟛지가 일치하지 않을 때는 매트·체어맨이 캬스텐·보오드를 잡는다.

그 외, 판정에 관한 진행에 책임을 가지며, 판정에 불복이 있을 때는 매트·체어맨에게 항의하고, 매트·체어맨은 이것을 조정하는 임무가 있다.

③ 레프리(Refree)의 임무

시합 운행의 책임을 갖고 진전시키며, 규칙에 따라 레프리가 호루라기를 부는 것에 따라 시합은 개최되며, 그리고 중지나 종료가 된다.

④ 쟛지(Judge)의 임무

한 시합에 한명을 정수로 하며 매트·사이드를 정 위치로 하고, 시합을 관찰하며 레프리를 돕는다.

선수가 득점한 경우, 그 점수를 공표하여 채점표에 기록한다. 판정에서 시합이 종료될 때는, 어느쪽이 이겼다거나 또는 무승부인가를 유니폼의 색별에 따라 공표한다. 무승부의 경우는 흰색, 적색 선수가 이겼으면 적색, 파란색 선수가 이겼으면 청색의 램프로 표시한다.

8. 시합의 승패 정하는 방법

다음의 경우는 승리가 된다.

① 폴(FaLL)

상대를 눌러 꼼짝 못 하게 하고, 양 어깨를 동시에 매트에 붙이는 것을 폴 이라고 한다 (그림 4).

폴의 경우, 레프리는 손바닥으로 1회 매트를 두드려 폴을 선언하고 이어서 경기를 중지시키고 승자의 한쪽 팔을 높이 올려 폴을 선고한다.

② 폴이 없는 경우 득점수에 의해 승패를 정한다.

폴이 없는 경우의 판정은, 다음과 같은 기준에 따라 득점이 규정된다. 득점은 1점, 2점, 3점의 3가지 종류의 득점이 있으며, 득점이 많은 쪽이 승자가 된다. 이긴 쪽을 판정승 이라고 하며, 진쪽을 판정패 라고 한다. 득점이 동점인 경우는 무승부가 된다. 또 경고 점이 3점이 되면 실격 패, 이긴 쪽을 실격 승 이라고 한다.

〈그림 4〉옆 사방 폴

ⓐ 1점을 얻을 수 있는 경우의 기준.

(ㄱ)상대를 쓰러뜨리고, 등 뒤로 돌아가 눌러 꼼짝 못하게 하고, 콘트롤(제지) 한 경우(그림 5 - 1).

(ㄴ)상대를 타고넘어 누른 경우(그림 5 - 2).

(ㄷ)바른 홀드를 걸었을 때. 예를 들면 스탠드 또는 그라운드 안으로 던지는 기술 등에 의해 상대를 멋지게 던진 경우. 단지 상대의 어깨 또는 머리 부분이 매트에 스치거나, 위험한 상태가 되었을 때(그림 6)

〈그림 5-1〉 상대의 등 뒤로
돌아가 콘트롤한 때~1점

〈그림 5-2〉 테클로 상대의
양손을 공격한 때~1점

ⓑ 2점을 얻을 수 있는 경우의 기준

폴에 가까운 위험한 상태에 상대를 몰아넣은 경우, 즉 상대를 위험
한 상태에 3초이내 눌러 꼼짝 못하게 한 경우(그림 7).

〈주〉 자신이 기술을 걸기 위하여 브릿지(위험한 상태가 되는 것) 해
도 상대의 득점은 되지 않는다.

ⓒ 3점을 얻을 수 있는 경우의 기준보강운동 및 정리운동의 일례

〈그림 6〉상대를 멋지게 던졌
을 때. 위험한 상태가 된 경
우~1점

〈그림 7〉상대의 머리를 매트
에 붙인 위험한 상태(3초이
내)~2점.

ⓓ 다음 경우 무승부가 된다.

제 3라운드 종료까지 서로 폴이 없는 경우, 양 선수 모두 득점이 없
는 경우나 또는 동점인 경우는 무승부가 된다.

9. 반칙 기술과 경고점(警告点)

ⓐ 반칙 기술

반칙 행위가 있는 경우, 이내 시합은 중단되며, 레프리의 주의가(두 번 하지 않도록)있게 된다. 주의에도 불구하고 고의로 반칙을 하면, 상대 선수에게 득점 1점이 추가되며, 무거운 반칙 기술(상대를 상처 입히는 행위)을 범한 경우는 그 선수는 퇴장을 당하게 된다.

규정에 따라 아래와 같은 행위가 반칙이 된다.

때린다. 찬다. 찌른다. 숨을 막는다. 머리카락을 당긴다. 얼굴에 손 또는 팔을 댄다. 급소를 잡는다. 손을 꺾어 잡는다. 몸통을 발로 누른다. 얼굴 부분을 넓적다리 또는 발로 조인다. 3개 이내의 손가락 끝을 쥔다. 발가락 끝을 잡아비트는 것. 상대의 유니폼을 잡는 것. 매트의 끝 또는 시트를 잡는다. 정면에서 풀·넬슨을 건다. 스리·코터·넬슨을 건다. 팔 관절을 90도 이상 구부린다. 발목을 잡아 밖쪽으로 비튼다.

ⓑ 자동적 경고점

제 1 라운드에서 양 경기자가 적극적으로 행동하지 않아서 득점도 없고, 또 상대가 경고를 받는 것에 의해 얻은 득점도 없는 경우는 자동적 경고 점이 양 경기자에게 주어진다. 이 경고점은 사전의 주의가 없이도 주어진다.

또 어느쪽인가의 경기자가 공격을 하지않고 도망치고 있는 경우나, 또는 양 경기자 모두 활발한 공격을 하지않는 경우는 이스케이프(피하기)가 되며, 공격을 하지않는 경기자 또는 양자가 벌을 받으며, 각 1점이 주어진다. 단 이상의 벌점이 3점이 되면 반칙을 범한 경기자는 실격패로써 시합은 종료된다.

〈그림 8〉
넓적다리 옆에 의한 위험한 상태가(5초 이내)된 때~3점.

제3장
계량(計量)과
체중의 조정

(1) 계급 (階級)

　레슬링의 시합 규정은, 체중에 따라 10계급으로 나뉘어진다.　국제 경기 규정은　다음과 같다.

레슬링 경기의 계급

일반 국제 경기 계급별	쥬니어 국제 경기 계급별
48kg (104 ½ 포인트) 이하	48kg (105 ½ 포인트) 이하
52kg (114 ½ 포인트) 이하	52kg (114 ½ 포인트) 이하
57kg (125 ½ 포인트) 이하	56kg (123 포인트) 이하
62kg (136 ½ 포인트) 이하	60kg (132 포인트) 이하
68kg (149 ½ 포인트) 이하	65kg (143 ¾ 포인트) 이하
74kg (163 ½ 포인트) 이하	70kg (154 포인트) 이하
82kg (180 ½ 포인트) 이하	75kg (165 포인트) 이하
90kg (198 포인트) 이하	75kg (165 포인트) 이상
100kg (220 포인트) 이하	
100kg (220 포인트) 이상	

(2) 계량 (計量)

경기 대회의 제 1일째에는 계량은 시합 개시의 4시간 전에 시작하여 3시간 전에 끝내야 한다. 2일째부터는 시합 개시 2시간 전에 시작하여 1시간 전에 끝내야 한다.

(3) 체중과 계량 (計量)

경기자와 지도자는 가끔 어느 계급에 출장할 것인가 하는 문제에 부딪치게 된다. 이것을 결정하기 위해서는, 경기자의 경험 및 신체의 구조와 성격을 생각하여 해결해야 한다. 시합 전, 정해진 계량의 시간 내에 경기자가 희망하는 계급에 체중이 맞을 때까지 감량한다.

감량은, 경기자의 건강 증진과 체력 유지 2가지 관점에서 실시해야 하며, 그 목적은 어디까지나 시합에 이기기 위해서, 또는 적어도 적당한 성적을 얻기 위하여 실시해야 한다.

(4) 감량의 정도와 기간

감량은, 경기자 자신의 체중이나 연령, 경력 및 신체의 구조, 성격과 건강 상태 등을 고려해야 한다. 시합 전에 있어서 경기자의 감량은 통상 3kg 이내(체중의 약 5%)로 실시하는 것이 좋다. 이 정도의 감량이라면, 통상 3~7 일간으로 큰 피해나 체력의 소모를 하지 않고도 가능하며, 비교적 긴 시간 정해진 체중을 유지할 수 있다.

고등 학교의 경기자는, 3kg 이상의 감량은 피하는 것이 좋다. 그것은 15세부터 레슬링을 시작한 경기자는, 수년간에 적어도 1~2 계급은 클라스가 올라간다. 즉, 5~10kg의 체중이 증가하기 때문이다.

이와같은 성장기에, 비록 한시간이라도 영양 공급을 제한하면 신체의 기능 발달에 무리가 생기기 때문이다. 특히 미성년의 경기자는 무리한 감량을 하지 않도록 주의해야 한다.

만일, 단련자가 3kg 이상 또는, 그 이상 체중을 감량하는 경우는, 건강과 체력을 유지하기 위하여 정확하게 실시하는 것이 중요하다. 반대로 체중을 감량하지 않는 경우는, 체중에 적당함 보다 무거운 한계의 단계에 출장하도록 노력하면 좋다.

(5) 감량 (減量) 의 방법

감량의 방법은 대략 다음의 세가지로 나눌 수 있다. 영양이나 음식의 섭취를 콘트롤 하는 방법, 두꺼운 옷을 입고 연습량을 늘이는 방법, 입욕 등에 의한 체내의 에네르기를 극도로 소모하여 감량하는 방법.

우리 대학생의 경우는 세번째 체내의 에네르기 소모에 중점을 둔다고 밝혀졌다. 반대로 외국 경기자는 음식물을 제한한다. 이 점 우리 경기자는 감량방법도 합리적인 지도법의 확립이 필요하다고 생각된다.

(6) 음식물을 제한하는 감량법

① 수분을 줄인다

인간의 체중은 24시간 사이에 변화하며, 이 변화의 정도는, 환경,활동 상황, 수분 및 음식물의 섭취량에 의해 좌우 되는데, 특히 수분의 섭취량을 줄이는 방법을 생각할 수 있다.

체중을 변화시키는 제일 큰 요소는, 인간의 체중의 3분의 2를 차지하고 있는 수분이다. 따라서 수분을 줄일 수 있는 만큼 줄임으로써 체중을 간단하게 줄일 수 있다. 그 때문에 음식물의 섭취 때나 운동 후의 수분을 줄여 체중을 줄이는 것도 좋다.

② 음식물의 양을 줄인다.

장기간에 걸쳐 음식의 양을 줄이는 것은 피하는 편이 현명하다. 이것은 경기자의 체력을 저하시키기 때문이다.

만일, 경기자가 음식물의 양을 줄이는 경우는, 영양소(단백질, 탄수화물, 지방, 비타민)에 신경을 써서 비타민, 철분, 당분이 다량 포함되어있는 음식물을 섭취하도록 주의한다.

감량 기간 중은 소금이나 비타민을 매일 반드시 섭취해야 한다. 왜냐하면, 체내의 세포 조직에 있어서 필요한 단백질을 비축할 수가 없고 게다가 신진 대사도 충분하지 않고, 단백질이 필요 이상으로 소모되어, 체력을 현저하게 감퇴하기 때문이다.

일일 단백질(고기, 생선, 계란, 치즈 등) 필요량은 약 80kg으로, 이것은 감량 기간 중에도 필요하다. 그 외, 비타민이나 철분을 많이 포함하고 있는 점에서, 야채나 과일, 차 등을 섭취하면 좋다. 비교적 단백질을 많이 섭취하는 경기자는   변비를 일으키는 경우가 있다. 그 경우는 식사 전에 소금물, 찬 우유 등을 먹는 것이 좋다.

감량하는 경기자로 변비가 없는 경우는, 설사약을 사용하지 않는 것이 원칙이다. 설사는 체력을 약화시키고, 더욱 경련이나 복통을 일으키는 경우가 있다.

이 외, 감량을 위한 식사에 대해서는, 스포츠 의사의 지시를 얻으면 좋다.

③ 음식물의 질을 바꾼다

조금 체중을 오버하는 것이 아닌 경우는, 경기자가 수분을 줄이는 것은 효과적이 아니다. 그와같은 경우, 시합의 수주간 전부터 식사의 내용을 바꾸는 것에 의해 희망하는 체중에 맞출 수가 있다.

감량하는 경기자로써는 수분의 제한만이 아니라 지방, 탄수화물이 큰 적이다. 그 때문에 보통 영양의 면에 있어서 지방이 많은 고기나 스프 등의 섭취를 가능한 한 피하는 것이 좋다. 왜냐하면 군살이 찌기 쉽고, 체중을 증가시키기 때문이다. 그 외, 탄수화물(쌀밥, 빵, 등)의 섭취도 보통 때부터 하지 않도록 습관을 들이는 것이 필요하다.

이와같이 음식물의 질을 바꾸는 것에 의해 체중을 감소시킨다.

보통 경기자는 일일에 에네르기의 소비를 보충하기 위해서는 3500～4500 칼로리를 필요로 한다. 감량 때에는, 운동량도 저절로 줄어들고 그에 따라 칼로리도 적어지고, 영양의 섭취량도 적어지므로, 연습량도 영양의 밸런스를 생각하여 맞추어 음식물을 섭취하는 것이 중요하다.

(7) 두꺼운 옷을 입고 연습한다

두꺼운 옷을 입고 땀을 내는 연습 방법은 체내의 수분이 땀으로 나와 신체 표면의 군살을 줄이는 가장 효과적인 방법이다. 이방법은, 연습이나 런닝을 하고 있을 때에는 피곤함이 생기지만, 근력의 쇠약해짐도 없고, 내장 여러 기관에 좋은 영향을 미치며, 근육의 지구력을 증가시키는 바람직한 방법이다. 이것은, 특히 군살이 붙어있는 경기자에게는 바람직한 방법이며, 연습을 실시할 때에 두꺼운 옷을 입거나, 필요에 따라서는 상의를 입고 레슬링 연습을 하고, 런닝이나 체조를 해도 좋다.

이 두꺼운 옷을 입고 체중을 줄이는 가장 효과적인 방법은 가벼운 체조를 15분 정도 한 다음 가벼운 레슬링 연습을 하고, 10분간 휴식한 다음 런닝을 20분 하고, 그 후 5～6분 휴식하고 다시 체조나 줄넘기를 하면 좋다.

그리고, 그대로 따뜻한 실내(25℃)에서 모포를 머리에서부터 덮어

쓰고 옆으로 쉰다. 가능한 한 수분을 내고, 다 빼냈으면 타올로 닦아
내고, 또 신체를 따뜻하게 한다. 이때, 주의할 것은 신체를 차게 해
서는 안되는 것이다.

이 방법은, 오버·웨이트에 따라 다르지만, 시합 전 5일~10일 간
에 실시하는 것이 바람직하다.

이 외 연습장의 온도를 올리는 방법이 있다. 예를 들면 25℃의 넓은
연습장에서 격렬하게 연습을 실시하는 경우 2kg의 체중이 주는데,
같은 연습을 16℃의 연습장에서 실시하면 0.7~1kg밖에 체중이 줄
지않는다. 또 따뜻한 방에서 모포를 쓰고 자는 경우 하룻밤에 1kg의
체중 감소를 할 수 있지만, 반대로 시원한 방인 경우는 0.6kg 이상은
줄지 않는다. 이상의 감량 방법은 직접적인 감량 방법이다.

(8) 목욕에 의한 감량

목욕으로 땀을 내어 감량하기 위해서는 입욕과 사우나를 병용한다.
땀을 많이 내어 체내의 수분을 내는 것은 앞에서 서술한 두꺼운 옷에
의한 감량법과 함께 효과적이다.

보통 목욕은 체외의 불순물을 제거하고, 혈액의 순환을 활발하게 하
여 신진 대사를 높이는 것인데, 아무리 감량을 하기 위해서라도 너무
목욕을 자주하거나 잘못된 방법으로 사우나를 하거나 해서는 바람직
하지 않을뿐 아니라 체중을 줄일 수도 없게 된다.

한 학자의 발표에 의하면, '체내의 수분이 2% 이상 없어지면 갈증
을 느끼고, 그것이 6% 이상에 달하면 운동 능력을 저하시키고, 10%
이상 잃으면 정신이 불안정해지고, 사지가 유약해지는 병적인 상태가
된다'라고 하였다.

사우나에 의한 감량에서는, 2kg 이상의 감량을 실시하면 근육의 쇠
약이나 혈액의 감소에 의해 순환 장해를 일으키고, 운동 능력의 저하
를 가져오기 때문에, 사우나에 있어서는 1kg 이상의 발한을 해서는
안된다. 이상의 것을 주의하여 입욕을 해야 한다.

감량에 있어서의 최상의 방법은 음식물을 제한하는 것이며, 최후의
체중 조절로써 입욕을 하는 것이 좋다.

예를들면 사우나에 10~15분 들어가고, 나온 다음 따뜻한 곳에서 땀
을 계속 내는 것이 좋다. 땀이 나오지 않으면, 감량의 결과를 보기 위

하여 계량한다. 만일, 체중이 오버해 있는 경우는, 물론 다시 한번 목욕이나 사우나를 하고, 앞에서 서술한 것과 같은 방법으로 오버·웨이트가 없어질 때까지 계속한다. 그러나, 3회 이상 입욕하는 것은 피로도 증가되고, 혈액의 농축을 초래하여 빈혈을 일으킬 위험이 있기 때문에 주의해야 한다.

(9) 감량에서 계량(計量)

계량은 대개 아침인 경우가 많다. 시합 전날 오후에 목욕이나 사우나를 하고, 경우에 따라서는 체중 조정을 한 후(체중이 계급의 한도 이하인 경우),저녁을 조금 먹어도 좋다. 그 경우 저녁은, 하룻밤 수면으로 체중이 자연히 줄기 때문에, 그 양을 계산하여 먹는다 (차, 케익, 야채 요리, 계란, 빵, 쵸코렛 등). 만일, 체중이 오버해 있지 않은 경우는 계량 전에 음식물이나 음료수를 먹어도 상관없다.

(10) 계량 후의 식사

계량 후에 하는 식사는 특히 주의를 기울여야 한다. 식사 및 음식물의 양은 계량 후 몇시간 후에 자신의 시합이 있는지, 또 다음날 실시될 계량에 어느 정도 체중을 정비해야 하는지에 따라서 결정한다. 계량을 패스한 경기자는 절식이나 발한 때에 잃어버린 에네르기를 보충하는 것이 좋다. 그를 위하여 바람직한 음식이나 음료 등은 표 2에 나타낸 것과 같다.

표 2 중에서 경기자의 신체에 맞는 음식물을 섭취하도록 하는 연구를 할 필요가 있다. 또 음식이나 음료의 양을 많이 섭취한다고 해서, 갑자기 에네르기로 바꿀 수 있는 것은 아니다. 시합 전의 식사량은 내일 시합의 계량을 생각하여 알맞게 섭취한다 (경기자의 대부분은 0.7~1.5kg의 양을 섭취하고 있다). 그리고 식사 후 30~40분 정도 자면 회복도 빠르고, 좋은 영향을 미친다.

또, 시합의 휴식 시간에는, 에네르기원인 글리코겐의 보급 및 유지를 위하여 벌꿀, 각설탕, 차를 소량 섭취하는 것도 좋다.

(11) 시합 후의 식사

시합 후의 식사는 감량을 실시한 경기자는 주의해야 한다. 감량했을 때와 마찬가지로, 경기자는 음식물의 섭취를 바르게 실시하는 것이 체중을 증가시키지 않는 하나의 방법이다. 시합이 잘 끝나면 해방감으로 식사를 폭음, 폭식하는 예를 많이 볼 수 있다. 특히 주류는 감량한 경기자에게는 절대 금물이다.

표 2 레슬링 선수가 섭취할 음식물 식단의 일예

아 침 식 사			점 심 식 사			저 녁 식 사		
식단명	식 품 명	수량g (cal)	식단명	식 품 명	수량g (cal)	식단명	식 품 명	수량g (cal)
우 유		450g 265.5	우 유		450g 265.5	우 유		450g 265.5
치 즈		20g 72.2	치 즈		20g 72.2	치 즈		20g 72.2
빵		140g 378	빵		140g 378	빵		140g 378
마아 가 린		22g 158.2	마아 가 린		22g 158.2	마아 가 린		22g 158.2
야 채 샤라다	카 베 츠 샤 라 다 오일	67g 16.1 10g 88.4	야 채 샤라다	카 베 츠 인 삼 샤 라 다 오일	67g 16.1 3g 1.5 10g 88.4	야 채 샤라다	카 베 츠 샤 라 다 오일	67g 16.1 10g 88.4
오물렛	달 걀	50g 78	콘비프		50g 78	비프· 스테이크	소 고 기 오 일	150g 219 20g 88.4
비엔나 소 테	비 엔 나 소 세 지	100g 288	하 네		60g 184.2	포타쥬		140g 532
하 네		60g 184.2	과 일	밀감깡통	300g 204	잼		70g 198.1
과 일	사 과	260g 117				건토도		20g 56
과 즙	토마토쥬스	159g 42.9				과 일	사 과	130g 58.5

제2편

기술(技術)

제1장
준비 운동

1. 준비 운동의 목적

레슬링의 연습　또는 시합 전의 워밍·업은 반드시 실시해야 한다.

워밍·업은　체온을 높이고, 신체를 운동에 적합한 상태로 만드는 것이다.　여기에서 준비 운동이라는 것은　단순히 체온을 높이는 것뿐만 아니라, 맨손 체조 등에 의해, 이어서 실시할 격심한 운동이나 복잡한 운동을 효과적으로 실시할 수 있는 준비를 하는 것이다.

이와같은 준비에 의해서 심장의 움직임이 좋아지고, 신진 대사도 활발해진다.　근육은 단련되어　탄력성을 증가시키고, 신축이　잘되며, 운동에 대한 신경도 스무스하게 움직인다.

워밍·업의 시간은　경기자에 따라 달라지며, 충분히 단련된 경기자는　20분　정도가 적량이며, 비 숙련자는 부담이　너무 크면 피로 때문에 오히려 역효과를 일으키므로 단련에 따라서 워밍·업을 실시하는 것이 좋다.

준비 운동을 충분히 실시한 경기자는　좋은 신체를 만들어,　신체의 조정도 좋아지고, 연습이나 시합에 전 능력을 충분히 발휘할 수 있다.

여기에서는 간단한 준비 운동을 표 3에 들었으며, 레슬링 특유의 준비 운동 및 보강 운동을 하는데 참고가 되었으면 한다. 그외, 보강 운동의 종목으로써 웨이트 트레이닝, 사킷트·트레이닝은 바벨을 사용한 웨이트 트레이닝을 참고하면 좋다.

2. 준비 운동의 방법

경기자는 맨손 체조, 레슬링의 전문 종목 등의 가벼운 운동부터 실시한다. 각 준비 운동은 단조로운 것에서부터 복잡한 운동으로 실시하며, 여러가지 스피드와 상황에서 실시하면 좋다. 표 3의 운동 종목의 여러가지를 각자에게 맞추어 실시하면 좋다.

표 3. 준비 운동의 방법(일례)

순서	운동 종목	방법에 관한 지시사항	동작상의 주의 사항	신체적효과
1	보행, 구보, 스킷핑·갤럽	인원에 따라 일렬 내지 이렬로 나란히 줄지어 매트 주위를 돈다. 갤럽은 좌우 방향을 바꾼다.	보행 스킷핑은 팔을 펴고 흔든다. 갤럽은, 옆 방향으로 달리고 크게 팔을 벌려 흔든다.	심폐기능을 촉진시킨다. 민첩성을 높인다.
2	준비 자세에서의 후트웍	일렬로 나란히 매트 주위를 돈다. 좌우 방향을 바꾸어 실시한다.	준비 자세를 무너뜨리지 말고, 스피드의 고저를 붙여 실시한다.	다리근력을 좋게 하고, 민첩성을 높인다.
3	마도(馬跳)	맨 처음 한 명이 말이 되고, 다음 사람이 그 말을 뛰어넘어 순차로 일렬로 실시한다.	말이 된 사람은 고저를 붙인다.	다리근육의 순발력을 높인다.
4	준비자세의 단독 방어 운동	매트 위에 대열하여 지도자의 지시로 정면 방어, 왼쪽 방어, 오른쪽 방어를 명령에 맞추어 실시한다.	① 맨 처음은 준비 자세에서 시작하고 ② 준비자세에서 후트웍을 하면서 실시한다.	다리 근육을 좋게 하고 테클 기술을 높인다.
5	준비자세의 단독 방어 운동	매트 위에 대열하여 지도자의 지시로, 정면방어, 왼	① 맨처음은 준비 자세에서 시작하고 ② 준비자세에	평형 감각 및 반사 신경을 높인

		쪽 방어, 오른쪽 방어를 명령에 맞추어 실시한다.	서 후트웍을 하면서 실시한다.	다. 방어기술을 높인다.
6	팔굽혀펴기	양손을 폭넓게 하거나, 폭을 좁게 하여 실시한다.	엉덩이를 높이 올리지 말 것. 호령에 맞추어 실시할 것.	팔 힘의 강화.
7	팔 굽혀 완반 운동	팔을 세운 자세에서 호령에 맞추어 동시에 실시한다.	양손의 폭을 넓게 잡고, 매트 위에 배에서 가슴이 닿을 정도로 실시한다.	신체의 유연성을 높인다.
8	스잇치의 단독운동	그라운드·포지션의 준비 자세에서 각자 실시한다.	① 준비자세에서 시작 ② 좌우 교호하여 연속하여 실시한다.	민첩성을 높인다. 스잇치 기술을 높인다.
9	앞 브릿지 운동	처음에는 양손을 매트에 붙이고 실시, 점차 양손의 보조를 푼다. 전후 좌우 회전시킨다.	양손은 머리 앞쪽 가까이 둔다. 얼굴부터 후두부를 붙인다.	목의 유연성과 목줄기의 근력을 높인다.
10	앞 브릿지에서 브릿지가 되는 동작.	단독으로 실시하며, 매트에 얼굴과 양손을 붙이고 브릿지에 들어간다.	브릿지에서 젖힐 때 어깨를 대지 않을 것.	목 부분의 여러 근육의 강화와 유연성을 높인다.
11	브릿지운동	위를 향해 누운 자세에서 브릿지로 선다. 얼굴부터 후두부로 이동시키면서 브릿지를 실시한다.	두부(頭部)의 이동에 따라 양팔을 배 위에서 머리끝의 매트로 이동시켜 붙인다.	신체의 유연성을 높여주고 목 근육을 강화시킨다.
12	브릿지에서의 반전운동	매트 중앙을 향하여 머리를 붙이고, 10회 정도 반전을 연속시켜 실시한다.	높은 브릿지에서 반동을 붙여 반전한다.	양팔의 신전과 유연성을 높인다.

13	회전 브릿지 운동	앞 브릿지에서 브릿지에 들어가는 동작으로 좌우방향을 바꾸어 연속시켜 실시한다.	① 허리를 조여 둘 것 ② 두부(頭部)가 움직이지 않도록 엎걸기를 충분히 하며 신체를 회전시킨다.	목의 여러 근육의 강화를 한다.
14	서서 넘기기의 기술 연습. 누워 메치기의 기술의 연습. 모의 연습	서서 상대방을 넘기는 수의 항 참조. 모의 연습은 공격자와 보조자를 정하여 스피드를 붙여 실시한다.	번갈아 보조자가 되고 처음에는 천천히 폼, 리듬, 타이밍을 잡으며 실시한다.	조정

3. 브릿지 운동

브릿지란 무엇인가, 경기자가 등을 매트에서 들고, 머리와 양발을 이용하여 신체를 높이 지탱하는 자세를 브릿지라고 한다.

브릿지는, 레슬링에서 매우 중요한 역할을 한다. 브릿지는 양 어깨를 붙이지않고 폴(Fall)을 피하는 최후의 방어 수단이다. 그러나, 브릿지는 방어만이 아니고, 공격에도 사용된다.

특히 그레코·로망형에서는 상대를 들어올려 뒷쪽으로 브릿지하여, 상대를 회전시키면서 자신의 아래로 하는듯한 기술이 많이 있다. 각종 브릿지 연습을 총칭하여 브릿지 운동이라고 한다.

브릿지 운동은 상당히 고도의 체조 훈련을 동반하며, 신체의 모든 근육, 관절을 움직이고 한층 강화하여, 경기자에 있어서 상당히 중요한 유연성을 몸에 익히게 한다.

브릿지 운동은 몇가지인가의 연습 단계로 나누어져 있으며, 그 과정에 따라 실시하는 것이 좋다. 또 브릿지 연습은 경기자가 계속하여야 하는 것이며, 특히 초보자는 부상을 방지하기 위하여 연습할 필요가 있다.

그림 9 - ① ② ③

① 앞 브릿지 운동

앞 브릿지는 허리를 매트 위에서 구부리고, 머리와 다리로 지탱하는 자세를 말한다.

① 앞 브릿지는 손과 얼굴과 넓게 벌린양 다리로 매트에 지탱하며 목을 구부리면서 처음 얼굴부터 후두부, 이어서 어깨로 이동하고, 또 앞뒤로 움직인다.

② 그 다음 측면 동작을 실시한다. 이 때, 귀가 매트에 닿을 정도까지 좌우로 구부린다.

③ 머리를 옆으로 돌리고, 머리를 붙인 채 빙글빙글 돌아, 목의 유연성을 키운다.

그림10 - ① ②

② 앞 브릿지에서 각종 손 동작을 함께 하여 전후 옆쪽으로 동작한다.

① 이것은 충분한 목 근육 강화연습 후에 실시해야 하는 운동이다. 앞 브릿지의 자세에서 양발에 손을 걸어둔다.

② 손을 등에 모아둔다.

그림11 - ① ② ③

③ 앞 브릿지에서 브릿지로 들어 가는 동작

① 이를 위해서는 양손을 붙이고, 이어서 얼굴을 매트에 대고, 양쪽 손바닥으로 지탱하며 신체를 뒷 쪽으로 젖히고, 거꾸로 서기의 자세에서 브릿지 자세로 들어간 다. 이 때, 머리의 꼭대기가 아 닌 이마로 지탱하는 것이 중요 하다.

② 거꾸로 서있는 동안에 양발부터 대도록 신체를 젖힌다.

③ 양발을 매트 위에 동시에 붙인 다.

그림12 - ① ② ③

④ 브릿지 운동

① 등을 젖히면서 얼굴과 양발로 선다. 등을 젖힐 때에 양 손바 닥을 귀 옆의 매트에 지탱하여, 양손으로 브릿지를 돕도록 한다.

② ③브릿지에서 신체를 전후, 옆 으로 움직이고, 발끝으로 서거 나, 뒤꿈치를 붙여 안정을 유지 하면서 얼굴, 머리, 이마를 옆 으로 움직인다.

그림13 - ① ② ③

⑤ 브릿지에서 손을 사용 하지
않고 하는 운동

① ② ③브릿지의 자세에서 양손을
배 위에 자물쇠처럼 끼우고, 극
도로 머리를 뒷쪽으로 젖힌다.
이마를 매트에 붙이는 것과 동
시에, 끼운 손을 머리쪽으로 펴
높이 브릿지로 선다. 그리고 본
래로 되돌아간다.

⑥ 브릿지에서의 반전 운동

이 운동에서는, 브릿지의 자세에서
머리로 지탱하여 거꾸로 서고, 이어
서 매트에 양발을 붙일 수 있을 때까
지 연습한다.

① ② ③보조자의 힘을 빌려 연습
하면 좋은데, 그경우 브릿지하
면서 자신앞에 서 있는 보조자
의 발목을 잡고, 그리고 자신을
브릿지에서 거꾸로 서기 자세로
하여 양발을 매트에 댄다. 또 본
래의 브릿지로 돌아간다.

그림14 - ① ② ③

⑦ 회전 브릿지 운동

머리의 주위를 발 운동에 의해 앞 브릿지로 바꾸고, 또 브릿지로 되돌아 가는 운동을 회전 브릿지라고 한다.

① 앞 브릿지의 자세에서 왼쪽으로 회전을 실시하는 경우, 양 발을 조금씩 잔 걸음으로 왼쪽으로 2보씩 걷는다.

② 오른발을 매트에서 떨어뜨려 브릿지 자세로 이행한다.

③ 브릿지에서의 탈출은 2보 잔걸음으로 왼쪽으로 걷고, 오른발을 매트에서 떨어뜨리면서 본래의 자세로 이행한다.

그림15 - ① ② ③

4. 정리 운동(整理運動)

체력 증진의 견지에서 연습 마지막에는, 신체 여러 기관의 휴식을 위한 정리 운동이 필요하다.

시합이나 연습 전에 반드시 준비 운동을 하고, 서서히 격렬한 움직임의 레슬링으로 이동하는 것과 동시에, 레슬링 마지막에는 처음과는 반대로 조금씩 신체 각 부분을 안정시켜 가야한다. 격렬한 힘을 필요로 하는 운동 후에는 조깅이나 힘을 뺀 체조를 하여, 가장 간단한 체조(심호흡)로 끝내면 좋다. 그 시간은 약 10분 정도로 끝내면 좋다. 또 연습 때에는 정리 운동 시간을 조금 길게 갖고, 그 중에서 보조적인 운동도

적당하게 집어넣어, 조직적인 플랜으로 실시하는 것도 하나의 방법이
다.

보강 운동 및 정리 운동의 일례

	순서	운동종목	방법에 관한 지시사항	동작상의 주의사항	신체적효과
보강 운동	1	토끼뜀	매트의 회전을 각1회씩 돌며 번갈아 실시한다.	양손은 등뒤로 돌려 잡는다.	다리근력을 증가시킨다.
	2	오리걸음			
	3	손수레	매트를 각 반주씩, 번갈아가며 실시한다.	양손을 매트에 붙이고, 양발목을 보조자에게 잡도록 부탁한다.	다리 힘을 높힌다.
	4	사지 (四股)	매트를 돌다가 호령에 맞추어 실시한다.	다리 벌리기는, 어깨 폭보다 넓게 하고, 가슴을 편 자세로 실시한다.	무릎, 다리, 허리의 근력의 강화와, 벌리고 오무리는 다리 능력을 증가시키고, 평형 감각을 증가시킨다.
	5	허리나누기			
	1	신각 (伸脚)	1, 2에서 오른쪽 다리를 벌리고, 3, 4에서 왼쪽 다리를 벌려 번갈아가며 실시한다.	양다리는 가능한 한 넓게 벌리고 서서, 양손을 양 무릎에 둔다.	무릎근력을 높이고, 유연성을 양성한다.
	2	무릎의 굴신 (屈伸)	양무릎에 양손을 대고, 1, 2에서 구부리고 3, 4에서 편다.	구부릴 때는 뒤꿈치를 들지말고 무릎을 앞으로 내찌르며 깊게 구부린다.	무릎의 유연성을 높인다.

3	팔의 회선 (回旋)	1에서 양손을 들어 올리고, 2에서 뒤로 흔들어 내려 본래로 되돌린다.	양다리를 어깨 폭보다 조금 넓게 벌리고	어깨를 부드럽게 한다.
4	몸의 옆쪽 구부리기	1에서 양손을 어깨 높이로 올리고, 2에서 몸을 똑바로 옆으로 구부리는 것과 동시에 오른팔을 올리고, 왼팔을 대퇴부에 붙이고, 3. 4로 되돌아간다.	상체가 비틀어지지 않도록 똑바로 옆으로 구부린다.	어깨와 허리의 유연성을 증가시킨다.
5	몸의 앞뒤 구부리기	1, 2에서 몸을 앞으로 구부리고, 3, 4에서 뒤로 젖힌다.	양다리를 어깨 폭보다 조금 넓게 벌리고 양손을 허리에 대지 않는다.	허리의 유연성을 증가시킨다.
6	몸의 회선 (回旋)	양팔을 오른쪽으로 흔드는 준비 자세를 취하여 1, 2, 3, 4에서 몸을 좌(左)→ 똑바로 뒤→우(右)로 회전시키고, 그 반대 방향도 실시한다.	양다리를 어깨 폭보다 조금 넓게 벌리고, 몸을 앞으로 구부린 자세에서 시작한다.	허리의 유연성을 키워준다.
7	목의 운동	처음에는 목의 앞뒤, 이어서 좌우로 돌리기를 실시한다.	양다리를 어깨 폭으로 벌려서고, 양팔을 등 뒤로 한다.	목의 유연성을 증가시킨다.
8	호흡 운동	양팔을 위로 올리며, 숨을 들어마시고 양팔을 벌려 내리면서 숨을 내쉰다.	양다리를 어깨 폭으로 벌려선다.	심폐기능을 회복, 조정

제 2장
서서 상대방을
넘기는 수

1. 스탠드 레슬링의 기본자세와 연습

(1) 기본 준비 자세

시합에 들어가는 방법에는 몇가지 방법이 있다. 프리·스타일에서는 상대와 맞붙지 않고 시합에 들어가는 경우가 많다. 그와같은 경우는, 한편이 상대에게 가까이 하지 않든가, 두명이 서로 가깝게 붙지않고 서로 마주하는 자세가 많다. 프리·스타일에서는 기본 자세가 효과적인 공격이나 방어를 실시하기 위해서 필요하며, 기본 자세를 몸에 익힌 경기자는 가장 유익한 조건으로 공격하거나, 지키거나 할 수 있다. 그를 위한 기본 자세를 완전히 배우는 것이 바람직하다.

기본 자세에는 다음의 3가지 준비 자세가 있다. 그 외는 3가지 형이 변형된 것이다.

① 정면의 준비 자세

프리·스타일에서 가장 많이 사용되는 준비 자세는 우선 양발을 옆으로 하고, 양발의 간격을 어깨 넓이 보다 조금 넓게 하고, 신체의 지점을 앞쪽에 두도록 한다. 양발(기분상 엄지 부분에)과 무릎에 중심이 걸리도록 상반신의 체중을 싣고, 무릎은 앞쪽에 60도 정도로 구부리고, 무릎과 발목 관절은 유연하게 구부렸다 펼 수 있도록 해 둔다.

신체는 앞으로 구부리고 양 허리를 조이고, 양손은 앞쪽으로 펴내고 여러가지 방법으로 상반신을, 한쪽 손으로 하반신을 지키고, 또는 공격 여러가지 방법으로 상대와 맞붙는다 (보통, 한손으로 상반신을, 한쪽 손으로 하반신을 지키고, 또는 공격하거나 한다). 시선은 상대의 눈을 중심으로 신체 전체를 보도록 하는 것이 좋다 (그림 16).

그림16

● 연습상의 주의점

① 이 준비 자세로 가장 안정을 얻을 수 있다고 다짐한다. 정면 준비 자세에 있을 때, 특히 상반신(어깨)의 힘을 빼고, 언제라도 어떤 공격이라도 방어할 수 있도록 준비한다.

② 하반신은 가능한 한 민첩하게 전후, 좌우로 움직일 수 있도록 발 끝으로 서고, 여러 관절을 유연하게 해 둔다.

③ 양팔은 앞으로 내고, 팔꿈치를 몸체에 붙이고 손바닥은 위를(힘을 넣지 말고) 향한다.

② 오른쪽 준비 자세

실전 때에는 앞에 서술한 정면 준비 자세와 조금 다른 준비 자세가 매우 효과적인 경우가 있다. 정면 준비 자세에서 오른발을 반보 앞으로 낸 준비 자세로, 이것을 오른쪽 준비 자세라고 한다.

이 한쪽발을 반보 앞으로 낸 준비 자세를 하는 때에는, 앞쪽으로 낸 발에 체중의 6활을 얹고, 마찬가지 쪽의 팔을 조금 앞쪽으로 낸다 (오른발을 앞쪽으로 낼 때에는 오른팔을 앞쪽으로 낸다).

③ 왼쪽 준비 자세

오른쪽 준비와 정 반대인 준비 자세로, 왼발을 반보 앞으로 낸 준비 자세이다. 이하는 오른쪽 준비 자세와 마찬가지이다.

그림17

그림18

● 연습상의 주의점

좌, 우 어느쪽인가의 발을 앞쪽으로 내어도 활동할 수 있도록 좌우 준비 자세를 이해하고 터득해야 우수한 경기자가 될 수 있다. 그것은 자신의 준비 자세와 반대인 상대와 대전해도 처리할 수 있기 때문이다.

이상 세가지 기본 자세는 시합 중의 대부분을 기본 자세로 유지해야 하기 때문에 상당한 힘(체력), 특히 발, 허리에 탄력을 필요로 한다. 따라서 항상 정면 자세에서 바른 자세를 유지하도록 마음을 먹는 것이 중요하며, 가능한 한 낮은 자세가 바람직하기 때문에, 신체의 굴신을 상하로 반복하여 실시하고, 중심의 상하 운동을 함께 실시하여, 기본 자세를 안정시킬 수 있도록 연습하는 것이 좋다.

(2) 준비 자세와 후트웍

기본 준비 자세를 터득했다 해도, 전후 좌우로 움직이지 않으면 기술을 상대에게 걸 수도, 막을 수도 없다. 그 때문에, 전후 좌우 자유 자재로 다리를 움직이는 것을 후트웍이라고 한다.

후트웍에는 유도, 검도와 같은 요령으로 보족(步足), 송족(送足), 계족(継足), 개족(開足)의 네가지 기본적인 발의 움직임이 있다.

① 보족(步足)

자연스럽게 걸어 이동하는 방법이며, 접근 및 상대로부터 떨어질 때에 실시하는 발 기술이다.

정면 준비 자세에 있는 경기자가 전진하는 경우에는 오른발을 반보 앞으로 낸 다음, 왼발을 1보 내는 극히 자연스러운 걷기이다.

만일, 오른쪽 준비 자세에서 후퇴하는 것이라면, 오른발(앞발)을 1 보 뒤로 당기고, 그리고 왼발을 1보 당긴다.

② 송족(送足)

송족(送足)은 좌우 비스듬히 이동하기 위하여 사용되는 발 기술이 며, 레슬링에서는 가장 많이 사용되는 발 기술이다.

주로 송족(送足)은 상대의 적극적인 공격 때에 좌우로 이동하여 상 대를 피할 때에 사용되는 발의 이동 방법이다. 그 외 기술에 스피드를 증가시키기 위하여 상당히 중요한 요소를 갖고 있다.

③ 계족(継足)

계족이란, 오른쪽 준비 자세 때에 왼발을 오른발에 당겨붙여 크게 디 더넣는 발 기술이다. 이것은 먼 거리에서 안 넓적다리나 안 걸기를 실 시하는 경우에 사용하는 발 기술이며, 그 방향은 앞쪽만이다.

④ 개족(開足)

개족(開足)은 신체를 좌우로 벌릴 때에 사용하는 발 기술이다. 레 슬링에서는 상대를 넘어뜨리는 경우 및 상대의 공격에 대하여 신체를 피할 때에 사용하는 발 기술이다.

오른쪽 개족(開足)은 오른발을 왼발과 평행하게 오른쪽 방향이 되 도록 한다. 왼쪽 개족(開足)의 경우는 이 반대로 실시한다.

요령은 오른쪽 준비 자세의 경우에는 왼쪽으로 신체를 벌릴 때, 왼 발을 상대 방향으로 향하면서 왼쪽 비스듬히 앞으로 내고, 오른발을 왼 발에 당겨 붙이고, 오른쪽 허리를 오른쪽 뒤로 비틀어 상대의 방향으로 바르게 향하도록 한다.

왼쪽 개족(開足)은 이것에 준하여 실시한다. 왼쪽 준비 자세인 경 우는 모두 이것과 반대로 실시한다.

● 연습상의 주의점

① 기본 준비 자세에서 전후 좌우로 움직이는 경우, 시합 및 연습중 은 항상 기본 자세를 무너뜨리지 말 것.

② 동체와 팔을 같은 자세로 유지하면서 양발을 매트에서 너무 높게

올라가지 않도록 한다. 오히려 매트에 발바닥을 스치듯이 이동 한다.

③ 밸런스를 무너뜨리지 않기 위하여, 보폭을 작게 하여 어떤 방향으로라도 이동할 수 있도록 한다. 레슬링 기술 숙달의 기본이므로 몇 번이라도 반복하여 연습해야 한다.

(3) 기본 준비 자세와 후트웍의 연습

① 정면 준비 자세에서, 그 장에서 실시하는 바른 후트웍을 실시한다.

② 왼쪽(오른쪽) 준비 자세에서, 그 장에서 바른 후트웍을 실시한다.

③ 정면 준비 자세에서 좌우로 이동하는(송족(送足)의 요령) 후트웍의 연습을 실시한다.

④ 정면 준비 자세에서, 그 장의 후트웍을 하면서 신체를 벌려 실시한다 (개족(開足)의 요령).

⑤ 보족(步足)으로 전후 후트웍의 연습을 실시한다.

● 연습상의 주의점

① 처음 준비 자세를 무너뜨리지 말고 움직이며, 발을 극단으로 매트에서 높이 뛰듯 들지 말 것. 넓적다리로 걸으면 자세는 무너지고, 움직임이 부자연스럽게 된다.

② 발을 교차시키지 말 것. 이것을 실시하면 상체를 좌우로 흔들어 움직이게 되며, 자세를 무너뜨릴 뿐 아니라, 레슬링이 능숙해지는 데도 방해가 된다.

2. 맞서기

시합 중, 양 경기자가 떨어져 준비 자세를 취하고 있는 상태를 제외하고는 서로 맞붙어 있다.

맞서기에도 여러가지 종류가 있다. 맞서기에는 자기 의지대로 맞서는 것과 그 반대로 상대의 의도대로 맞서는 소위 피동적인 맞서기가 있다.

맞서기는 격투 경기에 있어서 가장 중요한 요소이다. 예를들면, 맞서기에서부터 여러가지 공격에 들어가는데는, 자기에게 유리한 맞서기를 취해야 한다.

레슬링에서는 맞서기에서 잘하여 기술을 걸어 이기는 경우가 많다. 또 맞서기에 따라 어떤 기술을 걸것인가 하는 기본적인 것을 익혀두는 것이 중요하다.

① 양 윗팔을 안쪽에서 잡는 맞서기

서로 양쪽 발이 나란히 된 정면 준비 자세에서 시작한다. 서로 윗팔을 가능한 한 안쪽에서 잡는 맞서기이며, 높은 자세인 경우가 많고, 상대의 공격을 막는 것과 동시에 어떤 공격이라도 가능한 맞서기이다.

이 맞서기에서 이용할 수 있는 기술 : 다리 후리기. 비행기 던지기.

② 목과 윗팔을 잡는 맞서기

프리·스타일에서는 상당히 많이 이용되는 유리한 맞서기이다.

한편의 손바닥으로 상대의 목을 잡고, 팔꿈치를 안쪽으로 하여 자신의 옆구리를 조이고, 또 한쪽 손으로 안쪽에서 바깥쪽으로, 즉 아래에서 위로 상대의 윗팔을 손바닥으로 눌러 상대의 공격을 막는다. 이마는 상대의 가슴 부분에 댄다. 한손으로 상대의 목 줄기를 잡은 경우는, 그 팔의 팔꿈치로 상대의 가슴에 대고, 팔꿈치로 상대의 가슴을 밀어 가깝게 하지 말고, 상대를 여러 방향으로 움직인다.

이와같이 목을 누른 손으로, 상대를 아래로 당기고 반대로 팔꿈치로 누르듯이 하면, 한쪽 팔로도 완전히 상대를 고정시킬 수가 있다. 게다가, 또 한쪽 손으로 상대의 팔을 잡으면, 이 자세는 더욱 완벽해진다.

그림19

그림20

이 맞서기에서 이용할 수 있는 기술

방어가 보다 완전해지며, 자신의 팔꿈치를 올리는 것과 동시에 상대의 팔꿈치도 올린다. 상대의 팔꿈치가 올라간 경우, 테클에 들어가 발을 잡을 수 있다.

③ 머리와 손목을 잡는 맞서기

앞에서 서술한 ②와 마찬가지로 목을 잡는 방법으로, 다른 쪽의 손으로 상대 손목을 잡는 맞서기이다.

이마는 상대의 어깨에 대고, 오른쪽(왼쪽) 준비 자세인 낮은 자세에서의 맞서기로, 상대의 손목을 잡기 위하여 적극적인 맞서기 라고도 할 수 있는데, 이 맞서기에서도 공격이 가능하다.

이 맞서기에서 이용할 수 있는 기술

손목을 놓고 낮은 테클에 들어가 발목을 잡든지, 목의 손을 놓고 먼 쪽의 한쪽 발을 잡는 테클을 건다.

④ 상대의 양 팔꿈치를 아래에서 잡는 맞서기

정면 준비 자세에서 상대에게 유리하게 잡힌다. 소위 피동적인 맞서기이다.

상대의 맞서기에서 양 팔꿈치를 아래에서 양 손바닥으로 잡는 맞서기로, 방어의 경우가 많다, 이 때도 이마는 상대의 가슴에 댄다 (그림 22).

이 맞서기에서 이용 할 수 있는 기술

상대의 양 팔꿈치를 윗쪽으로 올려, 양 다리 테클을 걸 수 있다.

그림21

그림22

⑤ 목과 팔꿈치를 잡는 맞서기

오른쪽 준비 자세에서 한손으로 목을 잡고, 또 한손으로 상대의 팔꿈치를 밖쪽에서 잡고, 이마는 상대의 가슴에 대고 지탱하는 것이 바람직하다. 방어하고 있을 때에도 옆구리를 올려서는 안된다. 팔의 위치가 높으면 상대로부터 발을 공격 당하기 때문에 옆구리를 오무려 둔다.

이 맞서기에서 이용 할 수 있는 기술

일체 등 넘어 던지기

그림23

3.팔의 간단한 잡는 방법과 푸는 방법

(1) 손 잡는 방법

팔의 잡는 방법과 푸는 방법은 레슬링에서는 중요한 기본 동작의 하나이다. 그 때문에, 상대의 팔이나 손목을 능숙하게 잡는 기술이나 손 잡은 것을 간단하게 푸는 것은 시합을 유리하게 운영하는 요령이다.

그림24

그림25

① 인디안 · 그립

레슬링 특유의 손 잡는 방법으로, 특히 누워 메치기 기술로 등 뒤에서 상대를 껴안을 때에 사용한다. 서로 한 손으로 자물쇠형을 만들어 맞잡는 방법으로, 순간적으로 손을 끼거나 또는 낀 손을 재빨리 놓을 수 있는 이점이 있다.

② 원 · 핸드 · 온 · 리스트

자신의 손목을 한손으로 잡는 방법으로, 팔이 짧고 강하게 잡히며, 상대를 들어올릴 때에 사용하는 손 잡는 방법이다.

(2) 금지되어 있는 손 잡는 방법

① 합장

손가락에 손가락을 끼워 잡는 것을 합장 이라고 한다. 이 잡는 방법은 간단하게 놓을 수가 없으며, 그대로 기술을 걸면 손가락을 다치기 때문에 금지되어 있다.

② 손가락을 3개 이내 잡는 방법

규정에 의해 손가락을 3개 이내 잡는 행위는 금지되어 있다. 그 때문에 4개 이상을 잡아야 한다.

그 외, 장시간 손가락을 잡는 기술을 거는 것도 금지되어 있다.

그림26   그림27

(3) 손목 및 팔을 잡혔을 때 손 푸는 방법

양손으로 잡혀있는 팔을 안쪽으로 돌리면서 급격하게 자신 쪽으로 끌어당기고, 한쪽 손을 상대의 팔꿈치에 대고 올리는 것과 동시에 손을 푼다.

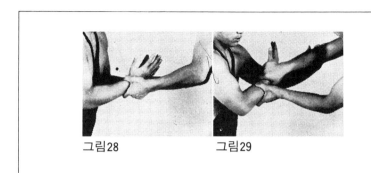

그림28   그림29

4. 실전에 있어서의 연습 과정

준비 운동과 기본 동작이 습득되었으므로 드디어 실전 연습에 들어
가는 것이다. 그러나, 매트 위에 있어서의 실전 연습을 보다 확실하게
하기 위해서는, 곧바로 실전 연습에 들어가지 말고, 스탠드·레슬링의
모의 연습을 한 다음 실전에 들어가는 것이 좋다. 특히 매트 위에서의
실전을 급격하게 하면 과도한 긴장이나 기술이 미숙하기 때문에, 위험
이 생기거나 부상을 당하기 쉽다. 게다가, 모처럼 습득한 기본 동작
도 헛되이 해버리기 때문에, 기본에 의한 부분연습을 충분히 한 위에
실전 연습에 들어가는 것이 바람직하다.

그림30 - ①②③④⑤

연습 Ⅰ

① 테클의 단독 연습

① 연습자는 정면 준비 자세에서 양
   팔은 몸통에 붙이고, 양 손바닥은
   벌려둔다.

② 오른발을 반보 앞으로 내디디고,
   체중을 오른발로 옮긴다.

③ 재빨리 오른발에 준하여 왼발을
   반보 앞으로 내디디고, 정면 준비
   자세가 되도록 한다.

④ 양발을 깊게 구부린 다음 양발을
   매트에 딱 대고, 앞쪽 위로 상체
   를 젖혀 앞으로 향한다.

⑤ 앞 쓰러지기를 부드럽게 하기 위
   하여 양 손바닥을 매트에 대고, 양
   발끝으로 매트를 차며 앞으로 쓰
   러진다. 다음에 양 손바닥으로 매
   트를 딱 잡고 신체를 젖힌 상태로
   끝낸다.

② 보조자와의 테클 연습

① 연습자와 보조자는 서로 마주하
여 정면 준비 자세에서 양 팔은
동체(胴体)에 붙이고, 양 손바닥
은 펴둔다.

② 연습자는 오른발을 반보 내디디고
체중을 오른발로 이동하고, 재빨
리 오른발에 준하여 왼발을 반보
내디디고 정면 준비 자세를 취한
다.
양발 잡기는 양 넓적다리 아래
부분을 양 팔로 잡는다.

③ 양 다리는 깊이 구부리고, 다음에
양발로 매트를 차고, 연습자는 앞
(윗쪽)으로 상체를 젖히면서 보조
자에게 신체를 씌우듯이 쓰러진다.

④ 그 위에 신체를 젖힌 상태로 누른
다.

③ 모의 연습

두명이서 미리 약속하고 실시하는
연습을 모의 연습이라고 한다.

모의 연습의 테클 들어가는 방법은
몇번이고 반복하여 실시한다. 처음에
는 천천히, 다음에 조금 빠른 보조로
실시한다.

그림31 - ① ② ③ ④

● 테클 들어가는 방법 및 자세

발의 움직이는 방법이 가능해지면 표 32와 같은 반복은 틈이 생기
므로, 조금 스피드를 붙여 테클 들어가는 방법과 발의 움직임이 그
장에서 바른 자세로 실시할 수 있도록 한다.

이 연습을 몇회했으면, 연습자와 보조자는 교대하여 실시하는 것이 효과적이다.

다음에는, 왼쪽 오른쪽 어느쪽 발이 앞으로 디더져도 테클에 들어갈 수 있도록 연습하고, 상대의 옆 허리에 왼쪽 오른쪽 번갈아서 머리를 내어 들어가는 것도 가능하도록 연습한다. 이 동작이 습득되면, 보조자의 준비 자세 앞에서 몇회, 즉 움직임의 상태가 좋아질 때까지 후트웍을 실시한 다음 테클에 들어가도록 연습하는 것이 중요하다.

이 때의 후트웍은 체중 이동에 의한 리듬이 필요하므로, 무릎, 허리, 팔, 상체의 운동을 효과적으로 움직일 수 있도록 연습을 실시하는 것이 효과적이다.

● **연습상의 주의점**

① 테클에 들어갈 때까지 발을 움직일 때, 어깨에 힘을 너무 넣지않도록 한다. 어깨에 힘이 들어가면 하반신, 특히 무릎, 허리가 퍼져버려 탄력을 잃고, 발의 움직임에 조화를 이룰 수 없어 자세가 안정되지 않기 때문이다.

② 보조자의 품에 들어간 다음의 자세에서, 이 경우 매트에서 뒤꿈치가 떨어지고, 발끝만으로 서게 되며, 보조자에게 가까이 붙는 자세가 되는 경우를 자주 볼 수 있는데, 이것은, 보조자의 품에 들어갈 때에 머리가 너무 아래에 있기 때문이며, 머리를 가볍게 올리면 자세도 좋아지고, 뒤꿈치도 붙어 안정된 자세를 얻을 수 있다.

③ 연습자와 보조자와의 거리는, 개인에 따라 차이가 있지만 약 1 m의 거리를 두고 실시하면 좋다.

④ 양발 잡는 방법은 깊이 잡을 것. 연습자와 보조자의 넓적다리가 딱 붙지 않기 때문이다.

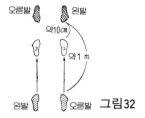

그림32

연습 Ⅱ

① 테클 떨어뜨리기의 단독 연습

① 연습자는 정면 준비 자세에서 양
  팔을 몸통에 붙이고, 양 손바닥을
  벌려둔다.

②③ 오른발을 반보 내디디고, 체중
  을 오른발에 이동시키고 재빨리
  오른발에 준하여 왼발을 반보 앞으
  로 내디디고, 정면 준비 자세를 취
  한다.

④ 양 무릎은 깊이 구부린다. 이어서
  앞 윗쪽으로 상체를 젖히면서 일
  어난다.

⑤ 일어날 때에 만곡한 호를 그린 자
  세로 끝난다.

그림33 - ①②③④⑤

64

② 보조자와 테클 떨어뜨리기의 연습

① 보조자와 연습자는 서로 정면 준비 자세로 서로 마주하고, 양팔은 몸통에 붙이고 양 손바닥을 벌려 둔다.

② 연습자는 오른발을 반보 내디디고, 체중을 오른발에 옮기고, 재빨리 오른발에 준하여 왼발을 반보 앞으로 내디디고, 정면 준비 자세를 취한다. 양 넓적다리 잡는 방법은 양 팔로 바깥에서 강하게 잡는다.

③ 양발은 깊이 구부린다. 이어서 앞뒷쪽으로 상체를 젖히면서 일어난다.

④ 일어날 때에 만곡한 호를 그려, 보조자를 들어올리면서 일어난다.

그림34 - ① ② ③ ④

③ 모의 연습

앞에서 서술한 테클 연습과 같은 요령으로 그림 34의 준비 자세에서 연습자와 보조자가 마주하고 실시한다.

테클에서 들어올리기를 실시하고, 왼쪽 및 오른쪽으로도 상대를 들어올릴 수 있도록 반복하여 실시한다. 이어서 테클의 들어올려 떨어뜨리기 방법을 반복하여 실시하여, 테클 떨어뜨리기 기술을 완성시킨다.

테클 떨어뜨리기의 적당한 무너뜨리기를 실시하는 기술을 몸에 익히고, 거기에 또 저항하는 테클 떨어뜨리기 기술을 연습한다.

● 연습상의 주의점

① 양발을 잡은 다음의 양 손바닥을 잡는 위치는 양 무릎 안쪽 부분이다.

② 들어올릴 때에는 양팔을 당겨올리는 것을 자주 볼 수 있는데, 양팔을 사용하지 말고, 상체를 젖히고 가슴으로 들어올리는 느낌으로 실시하면 좋다.

③ 상대를 매트에 떨어뜨릴 때는 정중하게 무릎 대는 방법을 틀리지 말고 떨어뜨린다. 규정(제 22조)에 의해 무릎을 붙이지 않고 상대를 떨어뜨리는 것은 허락되지 않고 있다.

그림35 - ① ② ③ ④

연습 Ⅲ

① 목 던지기의 단독 연습

① 연습자는 오른쪽 준비 자세에서 보조자의 목과 한팔을 잡을 수 있도록 양손을 둔다.

② 오른발을 반보 앞으로 내디디고, 체중을 오른발에 옮긴다.

③ 머리와 몸통을 재빨리 조금 오른쪽으로 향하도록 하면서 오른발 끝으로 크게 회전한다. 이 순간, 왼발을 오른발 옆으로 당겨붙이고 양발은 가볍게 구부린다. 양발은 똑바로 펴고, 동체를 앞, 오른쪽으로 향한다.

④ 쓰러지는 것을 유연하게 하기 위하여 오른팔을 잡으면서 쓰러진다. 이어서 오른쪽 팔꿈치를 매트에 대고 오른쪽 넓적다리 부분으로 앉는다.

② 인형의 한팔과 목을 잡아 목을 던진다.

① 연습자는 인형의 한팔과 목을 잡는다.

② 오른발을 반보 앞으로 내디디고, 체중을 오른발로 옮긴다.

③ 오른발 끝으로 크게 회전하여 인형에게 등을 향하고, 왼발을 오른발 옆으로 당겨붙이고, 허리를 측면으로 내고, 구부러진 양발을 펴면서 몸통을 앞쪽으로 향하는 것과 동시에 인형의 한팔과 목을 급격하게 당겨 매트에 떨어뜨린다.

④ 인형과 함께 앞, 오른쪽으로 쓰러진다. 매트에 닿기 전에 한팔과 목을 아래에서 위로 급격하게 인형을 당기고, 인형을 매트에 던지고 그 옆에 오른쪽 넓적다리로 앉는다.

③ 모의 연습

① 처음에 목 던지기의 단독 연습을 실시하고, 발끝과 허리 회전을 리드미컬하게 실시할 수 있도록 연습하여, 오른쪽 왼쪽 어느쪽으로라도 가능할 수 있도록 연습할 것.

② 이어서 인형을 사용하여 모의 연습에 들어가는데, 처음에는 천천히 실시하고, 폼을 완성한 다음 서서히 스피드를 붙여 연습을 실시한다.

그림36 – ① ② ③ ④

● 연습상의 주의점

① 목과 한팔을 잡고, 앞발의 발끝과 허리 들어가기를 스무스하게 실시하기 위해서는 인형을 높이 들어올려 실시하면 허리 회전이 잘 된다.

② 인형을 매트에 던질 때에는 양 무릎의 탄력을 살리기 위하여 양무릎의 굴신(屈伸)을 생각하면서 실시하면 좋다.

5. 기본 기술

(1) 테클

프리·스타일의 테클에는 여러가지 방법이 있다. 공격자가 상대가 준비를 하고 있는 곳에 날아들어 상대에게 몸으로 부딪치고, 양발이나 한쪽발을 잡아 매트에 쓰러뜨리는 기술을 테클이라고 부르고 있다. 테클에는 크게 나누어 3가지 방법이 있다. 제 1은 높은 준비 자세에서 상대의 몸통을 양팔로 잡는 테클, 제 2는 기본 준비 자세에서 양발을 양팔로 잡는 테클, 제 3은 낮은 준비 자세에서 발목을 양팔로 잡는 테클이다. 그리고, 각각 정면 및 측면에서 거는 것이 가능하다. 그러나, 편자는, 제 2의 기본 준비 자세에서 양발을 잡아 쓰러뜨리는 기술이야 말로 프리·스타일의 기본 기술이라고 생각하고 있다. 테클은 상대를 쓰러뜨리는 수단으로써 사용하는 기술의 하나로, 다른 기술 어느것보다도 위험을 동반하는 것으로, 일순간에 상대를 쓰러뜨릴 수 있기 때문에, 다른 기술과는 다른 큰 특징이 있다.

그 주된 기술을 나타내면 다음과 같다.

1. 정면의 양발 테클 (방어와 반격)
2. 측면의 양발 테클 (방어와 반격)
3. 측면의 한발 테클 (방어와 반격)
4. 정면의 양발 테클 떨어뜨리기 (방어와 반격)
5. 측면의 양발 테클 떨어뜨리기 (방어와 반격)

① 정면 양발 테클

● 요점

정면에서 상대의 품으로 뛰어들어 양발을 잡아 쓰러뜨리는 기술이다.

● 처음 자세

① 양자 서로 정면 준비 자세로 마주하는 자세를 취한다.

● **거는 방법**

② 공격자는 막는편의 품에 들어가 양발을 상대의 양쪽 발끝에 가까이한다(발의 위치는 막는편과 대응하는 직선에 둔다).

양발을 잡는 곳의 넓적다리 아래 부분(엉덩이 아래). 이 때 공격자는 양팔로 밖쪽에서 막는편의 양발을 강하게 잡는다. 쓰러뜨리기 위해서는 머리를 윗쪽으로 높이 올리고 하복부를 앞으로 내보내고 상체를 젖힌다.

그림37 - ① ② ③

③ 막는편에 신체를 씌우듯 쓰러뜨린다. 쓰러진 상대 위에 상체를 젖힌 (매트에 배를 댄다)상태로 누른다.

● **방어 (얼굴 누르기)**

① 공격자가 방어자의 양발을 잡자마자 방어자는 양발을 뒷쪽으로 펴고 상체를 젖혀, 공격자의 오른팔을 왼손으로 위에서 잡고, 오른팔로 공격자의 얼굴에 대고 옆으로 눌러, 옆구리 아래로 들어가도록 해서는 안된다. 그 때 반격자는 오른손으로 강하게 앞쪽 및 안쪽으로 비튼다.

그림38 - ① ② ③

● 반격 (테클 되돌리기)

윗팔을 위에서 잡아 목을 잡고, 휙 되돌리는 기술이다.

② 반격자는 공격자의 오른팔과 목과를 보존하면서 윗쪽으로 들어올리고 상대의 자세가 무너지는 순간에 아래로 당긴다. 오른팔은 공격자의 목을 감아 앞쪽으로 되돌려 공격자와 함께 쓰러진다.

③ 매트에 닿자마자, 반격자는 양발을 벌려 쓰러져있는 공격자 위에 엎드려 오른손으로 목을, 왼손으로 공격자의 오른팔을 잡아누른다.

● 굳힘 기술의 명칭

가사 굳히기

② 측면의 양발 테클

● 요점

상대를 측면에서 품으로 뛰어들어 양발을 잡아 쓰러뜨리는 기술이다.

● 처음 자세

① 공격자는 오른손으로 막는편의 목을 잡고 왼손으로 막는편의 오른쪽 윗팔을 아래에서 잡는다.

● 무너뜨리는 방법

② 막는편의 목과 오른쪽 윗팔을 잡았으면 안쪽 및 옆쪽으로 향하여 당겨 올리고, 공격자는 이 방향으로 움직인다. 그리고 막는 사람은 앞쪽으로 무너지며, 측면에서 공격할 기회를 잡는다.

● 거는 방법

③ 막는 사람의 자세가 무너진 순간,

그림39 - ①②③④

그림40 – ①②③

양발을 막는 사람의 한쪽 발 끝에
댄다(발의 위치는 막는사람의 앞
쪽에 내놓고 있는 발끝의 선상) 이
어서 막는 사람의 옆쪽에 선다.
양발 잡는 곳은 무릎 위의 부분
을 잡는다.
④ 쓰러뜨리기 위해서는 양발을 당겨,
양발을 매트에 강하게 걸도록 하
여, 가슴에 양발을 눌러 쓰러뜨린
다. 쓰러진 맞는 사람의 위에 엎
드려 양발을 잡아 신체를 젖히고
누른다.

● 방어 (양팔로 한팔 잡기)
① 공격자가 방어자의 양발을 잡자
마자, 방어자는 공격자의 오른손
손목을 왼손으로 잡고, 오른쪽 팔
로 공격자의 오른팔을 잡아 자물
쇠처럼 모양을 만든다.

● 반격 (팔잡아 되돌리기)
공격자의 한쪽 팔을 자물쇠로 잡아
뒷쪽으로 휙 돌리는 기술이다.
② 반격자는 잡혀있던 오른팔을 윗
쪽 및 측면으로 잡아올리면서 비
틀고, 상대의 자세가 무너진 순간
에 신체의 방향을 바꾸어, 가슴으
로 공격자의 몸통을 누르면서 매
트에 쓰러진다.
③ 매트에 닿자마자 양 발을 벌려쓰
러져 있는 공격자의 위에 엎드려,
공격자의 오른팔을 자물쇠처럼 잡
아 누른다.

● 굳히기 기술의 명칭
횡사방 굳히기

③ 측면 한발 테클

● 요점

측면에서 상대의 품으로 뛰어들어 한발을 잡아 쓰러뜨리는 기술이다.

● 처음 자세

① 서로 정면 준비 자세로 마주하는 자세

● 무너뜨리는 방법

여러가지 무너뜨리는 방법을 사용하여, 공격자는 방어자의 한쪽 발을 앞쪽으로 뺀다. 이어서 방어자의 품으로 들어가 양손으로 한발을 잡을 기회를 만든다.

● 거는 방법

② 양발을 방어자의 한발 끝에 대고 측면에 위치한다. 왼팔 잡는 방법은, 오른손으로 밖쪽에서 방어자의 왼쪽 무릎을 껴안듯이 잡고, 왼팔은 펴서 방어자의 왼쪽 뒤꿈치를 잡고, 이어서 오른손으로 왼쪽 발꿈치를 잡는다.

③④ 얼굴 대는 방법은 방어자의 하복부에 옆으로 얼굴를 댄다. 이동 직 후 방어자를 옆쪽으로 쓰러뜨리기 위해서는 기본 준비 자세를 무너뜨리지 말고, 신체를 방어자의 왼발에 씌우면서 양 무릎을 급격하게 펴(매트를 발끝으로 차며), 방어자와 함께 쓰러진다. 왼발의 위에 상체를 젖힌 상태로 누른다.

● 방어 (얼굴 누르기)

① 공격자가 방어자의 왼발을 잡자마자, 방어자는 왼발을 이동시키면서, 뒷쪽으로 왼발을 재빨리 내

그림41 - ①②③④

그림42 - ①②③

려, 신체를 젖혀 공격자의 왼팔을 위에서 잡고, 오른팔을 공격자의 얼굴에 대고 옆으로 누르고, 방어자의 옆구리 아래에 머리를 넣지 않도록 하면서 발이 잡힌 것을 푼다.

● 반격 (밖으로 작게 넓적다리 돌리기)

상대의 오른팔을 위에서 잡고, 재빨리 오른쪽으로 돌아 오른손으로 상대의 오른쪽 무릎 안쪽을 잡고, 획 되돌려 위로 젖혀지게 하는 기술이다.

② 반격자는 공격자의 오른팔과 얼굴을 잡으면서, 신체를 공격자에게 맡긴다. 상대의 자세가 무너지는 순간에 오른발을 앞으로 내디디는 것과 동시에, 오른팔로 상대의 왼쪽 무릎 안을 잡아 당겨올린다.

③ 이 동작과 동시에 반격자는 더욱 허리를 매트에 붙이면서 허리를 왼쪽으로 회전시켜 상대를 획 되돌린다. 이어서 오른손으로 강하게 잡혀있는 왼발을 당겨올려, 위로 젖혀진 상대 위에 신체를 맡기고 누른다.

④ 정면의 양발 테클 떨어뜨리기

● 요점

정면에서 상대의 품에 뛰어들어 양발을 잡고 들어올린 다음 매트에 쓰러뜨리는 기술이다.

● **처음 자세**

① 서로 정면 준비 자세로 향한 자세에서 수비자가 공격자의 양 어깨
  에 양손을 거는 맞서기.

● **무너뜨리는 방법**

공격자는 방어자의 양 팔꿈치를 밖쪽 위에서 잡아 당기고, 양팔을
펴게 한다. 방어자가 이 방향으로 강하게 저항한 순간에 공격자는 재
빨리 양 손바닥을 바꾸어, 양 손바닥을 상대의 양 팔꿈치 아래에 두고
강하게 방어자의 양 팔꿈치를 눌러올린다.

● **거는 방법**

② 그 때, 재빨리 허리를 낮춘 자세,
  방어자의 양발에 접근한다 (발의
  위치는 방어자와 대응하는 선상에
  양발을 둔다).
  양발 잡는 방법은 넓적다리 아래
  를 잡고, 양손을 잡는다.

③ 양발을 잡았으면, 양쪽 발에 힘을
  넣어 머리를 뒷쪽으로 하여 가슴
  을 젖히고, 상대를 들어올린다.

④ 다음에 상대를 들어올린 다음, 양
  팔로 상대의 신체 밸런스를 잡고,
  상대의 옆구리 아래에 있는 머리
  쪽에 양다리를 당겨올려, 상대를
  매트와 평행하게 되도록 비튼다.

⑤ 왼손을 풀어 양발 사이에 집어넣
  어 상대의 왼쪽 넓적다리 중앙의
  부분을 잡는다. 이와같이 상대의
  몸통과 왼발을 잡으면서, 공격자
  는 오른쪽 무릎을 잡고 왼발 발바
  닥으로 서며, 오른쪽 무릎을 댄다
  음 상대를 매트에 위를 향하도록
  쓰러뜨린다.

그림43 - ① ② ③ ④ ⑤

그림44 - ① ② ③

● 방어

① 공격자가 방어자의 양발을 잡자마자, 방어자는 공격자의 왼팔을 위에서 잡아, 오른쪽 손바닥을 공격자의 뒷머리 부분에 대고 아래쪽으로 눌러내린다.

● 반격 (목 떨어뜨리기)

공격자의 옆구리 아래에서 목과 한쪽팔을 잡아 비틀면서 되돌리는 기술이다.

② 반격자는 공격자의 옆구리 아래에서 목과 왼팔을 지레로 잡아 급격하게 힘을 넣어 아래쪽으로 눌러내린다.

③ 매트에 닿자마자, 공격자를 획 되돌려 누른다.

⑤ 측면 양발 테클 떨어뜨리기

● 요점

측면에서 상대의 품으로 뛰어들어, 양발을 잡아 들어올려 매트에 쓰러뜨리는 기술이다.

● 처음 자세

① 서로 오른쪽 준비 자세로 향한 자세에서, 공격자는 오른손으로 수비자의 목을 잡고 왼손으로 수비자의 오른쪽 윗팔을 아래에서 잡는다.

● 무너뜨리는 방법

잡고있던 상대의 오른팔 방향으로 움직여, 오른팔로 상대의 목을 강하게 비틀고, 왼손으로 상대의 윗팔을 윗쪽 및 밖쪽으로 당겨올려, 수비자의 신체를 비틀어 측면으로 위치하도록 한다. 상대의 자세가 무너지면 양손을 놓고 테클 준비 자세를 취한다.

● 거는 방법

② 공격자의 양발은 수비자의 앞쪽 (그림 40 참조)으로 나와있는 오른발끝에 내디디고, 이어서 양손 잡는 방법은, •오른팔로 반대 허리를 잡고 왼팔로 상대의 오른발을 깊이 잡는다.

③ 이 자세에서 들어올리는 공격자는 양 무릎을 깊이 구부리고 허리를 떨어뜨린 다음, 급격하게 가슴을 윗쪽으로 젖히면서 일어난다.

공격자는 왼팔을 풀어 그 팔로 수비자의 양 넓적다리(중앙 부분)를 잡는다. 양팔로 수비자를 매트에 평행이 되도록 비튼다.

④ 공격자는 오른쪽 무릎을 대고 왼쪽 발 발바닥으로 선다.

오른쪽 무릎을 대고 수비자를 위를 향하도록 매트에 떨어뜨린다. 이때, 수비자의 양발은 공격자의 왼쪽 넓적다리 위에 얹는다.

● 방어

① 공격자가 방어자의 양발을 잡자마자 방어자는 양발을 옆으로 이동시키면서, 뒷쪽에 양발을 급격하게 힘을 넣어 내리고, 공격자의 왼팔을 오른손으로 위에서 잡고, 오른팔로 공격자의 목을 감는다.

그림45 - ① ② ③ ④

● 반격 (대외 (**大外**)감기)

상대의 목을 팔로 위에서 감고, 상대에 대하여 등을 향하여 밖쪽에 가까운 발을 걸어 감아들이도록 하여 되돌리는 기술이다.

② 반격자는 공격자에 가까운 무릎에 허리를 돌리고 오른발을 건다.

③ 팔의 당김과 발을 건 쪽으로 돌면서 감는다.

④ 공격자는 발을 옆으로 내디딜 수없기 때문에 쓰러진다. 계속 당기며 공격자가 쓰러져있는 위에 덮어씌우듯이 하여, 팔을 잡아누른다.

그림46 - ① ② ③ ④

(2) 등 뒤로 도는 기술
(고 · 비하인드)

상대의 등 뒤로 돌아 매트에 양손과 양 무릎을 닿도록 누르는 것, 등 뒤로 돌아넣는 기술이다 (고 · 비하인드).

규정에는, 그 상태가 된 경우 1점을 얻을 수 있기 때문에 많이 사용되고 있다. 상대의 등 뒤로 도는 것만이 아니라 상대를 매트에 누른 다음, 이어서 다른 기술을 계속하여, 새로운 기술을 시작하여, 계속 기술을 걸어 상대를 위험한 상태로 몰아넣는 것이 목적이다.

이 기술을 거는 경우, 주로 양발 잡기 및 한손 잡기에서 등 뒤로 도는 방법이 많다.

주된 기술은 다음과 같은 것이 있다.

① 정면 양발 잡기에서 등 뒤로 돌아가는 기술(방어와 반격)
② 측면 한발 잡기에서 등 뒤로 돌아가는 기술(방어와 반격)
③ 당겨 떨어뜨리기에서 등 뒤로 돌아가는 기술(방어와 반격)

① 정면 양발 잡기에서 등 뒤로 돌아가는 기술

● 요점

정면에서 상대의 품으로 뛰어들어, 양발을 잡아 상대의 등뒤로 돌아가는 기술을 말한다.

● 처음 자세

① 공격자는 오른손으로 상대의 목, 왼손으로 상대의 왼쪽 팔꿈치를 아래에서 잡는다.

● 무너뜨리는 방법

공격자는 수비자의 오른팔을 왼손으로 밖쪽 위에서 잡아당기고, 상대의 자세를 무너뜨린 순간, 왼쪽으로 움직임의 방향을 바꾸고, 오른손을 상대의 오른쪽 팔꿈치 아래에서잡아 강하게 누른다.

그림47 - ①②③④

그림48 - ① ② ③

● 거는 방법

② 상대의 양 옆구리가 올라간 순간, 발을 내디디고, 상대의 양발 끝에 가까이한다. 머리는 상대의 허리에 댄다. 이 동작과 동시에 양손으로 상대의 양발을 잡는다.

③ 양발을 잡았으면 강하게 가슴으로 누르면서 밖쪽으로 이동한다.

④ 이와같이 하여 상대를 무너뜨리면서 공격자는 상대의 옆쪽에서 등 뒤로 돌고, 이어서 상대의 왼발 발목과 허리를 잡아 누른다.

● 방어 (얼굴 누르기)

① 공격자가 방어자의 양발을 잡자마자, 방어자는 급격하게 상체를 젖히면서 양발을 뒷쪽으로 올리고, 공격자의 왼팔을 위에서 잡아 오른쪽 팔로 공격자의 얼굴에 대고 강하게 옆으로 누른다.

● 반격 (내무쌍(内無双))

한팔로 얼굴을 누르고, 다른쪽 손을 안쪽 넓적다리에 대고 비틀어 되돌리는 기술을 말한다.

② 방어를 적용하여, 반격자는 공격자의 오른쪽 팔로 얼굴을 누르면서 오른팔을 잡는다.

③ 이 동작과 동시에 왼팔을 강하게 당기고 돌려, 매트에 닿자마자 양발을 벌려 쓰러져있는 공격자의 옆구리에 허리를 대고, 오른손으로 왼팔, 왼손으로 상대의 몸통을 잡아 폴한다.

② 측면 한발 잡기에서의 등 뒤 돌기

● 요점
측면에서 상대의 품으로 뛰어들어, 밖쪽에서 한쪽발을 잡아 등 뒤로 돌아가는 기술이다.

● 시작 자세
① 공격자는 왼손으로 수비자의 오른
   팔을 아래에서 잡고, 오른손으로
   상대의 목을 잡는다.

● 무너뜨리는 방법
공격자는 상대의 목을 강하게 당
기고, 이 공격과 동시에 뒷쪽으로 이
동한다. 상대의 오른발이 앞쪽으로
나오면, 반대 방향으로 이동하고, 상
대의 옆면에 선다.

● 거는 방법
② 앞쪽에 나와있는 왼발을 양손으로
   잡는다.
   오른팔로 상대의 왼쪽 무릎 안을,
   왼손으로 뒤꿈치를 잡아 누르고,머
   리는 상대의 하복부에 댄다.
③ 상대의 왼발을 가슴으로 누르면서,
   공격자는 오른손을 놓고 상대의
   오른발목을 잡아 등 뒤로 돌아가
   고, 오른쪽 어깨로 상대의 양 무
   릎 안을 강하게 밀어 쓰러뜨린다.
④ 공격자는 오른손으로 허리를 잡
   고, 왼손으로 왼발 발목을 잡아 상
   대의 등에 덮어씌우듯이 누른다.

그림49 - ① ② ③ ④

●방어 (목 떨어뜨리기)

① 공격자가 방어자의 왼발을 잡으면, 방어자는 허리를 낮게 하여 왼팔로 상대의 오른팔을 위에서 잡고, 오른손으로 상대의 목을 강하게 눌러 상대의 공격을 봉쇄한다.

● 반격 (넓적다리 올리기)

잡힌 왼발을 축으로 하여 상대의 왼발을 안쪽에서 오른쪽팔로 ¯잡아 획 돌리는 기술이다.

② 방어를 적용하여, 반격자는 공격자의 왼쪽 무릎 안을 오른손으로 잡는다.

③ 이어서 오른쪽 팔로 강하게 들어 올리면서 매트에 왼쪽 넓적다리부분을 대고, 상대와 함께 획 돈다. 이 동작 후 상대의 위로 향해있는 가슴위에 엎드려, 목과 한발을 잡아당겨 폴한다.

그림50 - ① ② ③

③ 당겨 떨어뜨린 다음 등 뒤로 도는 기술

● 요점

상대를 매트에 당겨 떨어뜨린 다음, 등 뒤로 돌아 양 무릎을 매트에 붙여 누르는 기술이다.

● 처음 자세

① 공격자는 오른팔로 상대의 목을, 왼손으로 오른쪽 팔뚝을 위에서부터 붙잡는다.

● 무너뜨리는 방법

② 잡고있는 목과 왼팔을 앞으로 당겼다, 밀었다. 또는 옆으로 이동
시키면서 힘 있게 상대를 당겨 떨어뜨려 양 무릎을 매트에 붙인다.

● 거는 방법

③ 공격자는 등 뒤로 돌아서, 이 때
상대의 오른쪽 어깨에 공격자의 신
체가 올라갈 수 있도록 양발로 힘
있게 매트를 차고, 밖쪽으로 반회
전하고, 상대의 등 뒤로 돌아간다.

④ 상대의 오른팔과 허리를 잡아 콘
트롤 한다.

● 방어

① 공격자가 방어자의 목과 오른팔을
잡자마자, 방어자는 재빨리 잡혀
있는 오른팔을 조이면서 풀어, 상
대의 오른팔을 잡는다.

그림51 - ①②③④

● 반격(팔 조여 등 뒤로 돌리기)

목을 잡고 있다. 상대의 오른팔을 강하게 조이면서 상대의 등뒤로 돌리는 기술을 말한다.

② 방어를 적용하여, 잡혀있는 상대의 오른팔을 힘있게 앞(안쪽)으로 당긴다. 이 동작과 동시에 왼손을 풀고, 신체를 비틀어 상대의 허리를 잡는다.

③ 반격자는 상대의 등 뒤에서 신체를 젖혀 매트에 누른다.

그림52 - ① ② ③

(3) 던지는 기술

던지는 기술은 맞서기에 따라 여러가지의 명칭이 붙여져 있다. 그러나, 그들 기술은 하나의 원칙에 근거를 두고;있다. 즉, 상대에 대하여 허리를 회전시켜 등을 향하는 것과 동시에,   앞으로 상체를 구부리는 것이다.

이 원칙을 알아 두면, 던지기 기술의 연습이 상당히 간단하게 이루어진다.

던지기 기술에는 2가지의 허리 회전 방법이 있다. 하나는 앞발의 회전이며, 또 하나는 발끝 앞발의 뒤꿈치로 회전하는 방법이다. 그러나, 던지는 기술을 연습하기 위해서는, 편자는 앞발의 발끝을 회전시키는 것이 기본이라고 생각한다.

　이들의 기술을 거는 경우는, 상대의 자세가 높든가, 또는, 상대의 자세를 당겨 올려 높게 한 다음 걸도록 한다.

　이것은, 프리・스타일 및 그레코・로망・스타일에서도 자주 사용되고 있는 기술이다. 단, 그레코・로망・스타일의 경우는 상대의 발을 봉하는 것은 금지되어 있다. 따라서, 그레코・로망・스타일에서는, 던질 때는 상대의 허리 아래로 회전하여 공격자의 등에 얹어 던진다.

　프리・스타일에서는, 허리를 회전하는 순간에 허리에 얹는 대신에 발에 발을 걸어 지레를 응용하여 보충한다.

　또, 발을 걸어 던지는 기술은, 반격의 기술로써 사용되고 있는 것인데, 여기에서는 생략했다.

　주된 던지기 기술은 다음과 같은 것이다.

　1. 목 던지기 (방어와 반격)

　2. 하나 등 업어 던지기 (방어와 반격)

　3. 허리 던지기 (방어와 반격)

그림53 - ① ② ③ ④

① 목 던지기

● 요점

팔과 목을 잡아 상대에 대하여 등에 지고, 등으로 넘겨 던지는 기술을 목던지기 라고 한다.

● 처음 자세

① 공격자는 오른쪽 준비 자세에서 오른손을 목에 대고, 왼손은 방어자의 팔을 위에서 잡는다.

● 거는 방법

② 공격자는 오른발을 방어자의 앞에 발끝으로 서면서 180도 회전하여 둔다(상대의 발끝 방향과 같이 회전한다). 이 동작과 동시에 상체를 일으키고, 목을 잡고있는 오른팔을 깊이 상대에 목에 감는다.

이어서 공격자는 왼발을 오른발의 옆에 당겨붙인다. 그리고 멈추어 서지 않도록 계속하여 허리를 회전시킨다.

이 동작이 끝난 다음, 앞으로 구부려 상대의 하복부에 등을 댄다.

③ 상대를 매트에서 들어올려 던지기 위해서는, 깊이 구부려 양 무릎을 급격하게 펴 들어올리고, 이어 잡고있는 오른팔과 목을 당겨 등 너머 던지고 상대와 함께 쓰러진다.

④ 매트에 떨어진 상대의 가슴 위에 목과 팔을 윗쪽으로 들어올리고, 양발을 벌려 브릿지를 무너뜨린다.

● 방어
① 공격자가 방어자에게 등을 향하여 목을 감자마자, 방어자는 공격자의 오른쪽 팔꿈치를 잡아 일어 올리고, 이 동작과 동시에 웅크려 공격자의 몸통을 뒤에서 잡는다.

● 반격 (뒤로 당겨 떨어뜨리기)
뒤에서 몸통을 잡아 들어올린 다음 당겨 쓰러뜨리는 기술이다.
② 반격자는 공격자의 몸통을 뒤에서 잡아 급격하게 들어올린다.
③ 이 동작 후, 반격자는 상대의 상대의 옆구리 아래에 손을 넣어, 신체를 벌려 당겨 쓰러뜨린다. 이어서 목과 팔을 잡아 위로 향한 상대를 폴한다.

그림54 - ① ② ③

② 하나 등 업어 던지기
● 요점
상대의 한쪽 팔을 양팔로 잡고, 상대에 대하여 등을 지고, 등을 넘겨 던지는 기술을 말한다.

● 처음 자세
① 서로 오른쪽 준비 자세에서 공격자는 방어자의 오른쪽 앞팔을 왼손으로 잡고, 오른손으로 아래에서 오른쪽 윗팔을 잡는다.

● 거는 방법
② 공격자는 방어자의 오른팔을 양손으로 잡고, 상대에게 등을 향하도록 하여 오른발 끝으로 180도 회전을 시작한다. 공격자는 오른발

반보 앞으로 내고, 옆에 왼발을 당겨붙이고, 허리를 옆으로 내어 머리와 몸통을 앞 왼쪽으로 향한다.

③ 그리고, 잡은 목과 팔을 급격하게 당긴다. 이 동작이 끝난 다음 양발을 펴고 상체를 앞으로 급격하게 구부려 상대를 매트에 떨어뜨려 상대를 위로 향하도록 던진다.

④ 공격자의 가슴 위에 등을 향하여 누른다.

● 방어

① 공격자의 회전 순간에 방어자는 재빨리 웅크리고, 공격자의 오른발을 왼손으로 잡는다.

그림55 - ①②③④

그림56 - ①②③

● 반격

공격자의 오른손을 반대로 잡고, 왼손으로 상대의 오른발을 잡아 들어 올리고, 발을 휘감아 꺾고, 획 돌리는 기술을 말한다.

② 방어를 적용하여, 반격자는 상대의 오른발을 높이 들어올린다. 이어서 서있는 왼발을 꺾어 공격자를 쓰러뜨린다.

③ 상대의 벌렁 누워있는 위에 엎드린 자세로, 앞에서 꺾은 발을 보다 높이 들어 상대의 브릿지를 무너뜨린다.

③ 허리 던지기

● 요령

한쪽 팔과 허리를 잡아 상대에 대하여 등을 향하고 등을 넘겨 던지는 기술을 허리 던지기 라고 한다.

● 처음 자세

① 공격자는 오른쪽 준비 자세에서 오른손은 상대의 허리에, 왼손은 위에서 허리를 잡는다.

● 거는 방법

② 공격자는 오른발을 방어자 앞에 내디디면서 180도 회전하여 상대의 발끝 방향과 같이 회전한다. 이동작과 동시에 상체를 일으키고 상대를 당겨올린다. 이어서 공격자의 왼발을 오른발 옆에 당겨붙인다. 그리고 멈추어서지 않도록

그림57 - ① ② ③ ④

그림58 - ① ② ③

계속해서 허리를 회전시킨다. 이 동작 후, 앞이 구부러진 상대의하복부에 등을 댄다.

③ 상대를 매트에서 들어올려 던지기 위해서는 깊이 구부린 양 무릎을 급격히 펴 들어올린다. 이어서 잡고있는 오른팔과 허리를 당겨 등으로 넘겨 던지고, 상대와 함께넘어진다.

④ 매트에 쓰러진 상대의 가슴 위에 허리와 오른팔을 윗쪽에서 당겨올려 브릿지를 무너뜨린다.

● 방어
① 공격자가 방어자에게 등을 향하자마자 방어자는 허리를 낮게 내리고, 허리에 걸려있는 상대의 오른팔을 옆구리 아래로 끼워잡아 뒤로 돌리고, 상대의 몸통을 양팔로 잡는다.

● 반격 (뒤 꺾어 쓰러뜨리기)
② 뒤에서 몸통을 잡아 상대의 발을 꺾어 쓰러뜨리는 기술이다. 반격자는 공격자의 몸통을 뒷쪽에서 잡아 당겨붙인다.

③ 이 동작 후, 반격자는 왼발로 상대의 왼발에 건다. 이어서 반격자는 왼발에 체중을 이동시키면서, 상대와 함께 매트에 쓰러진다. 매트에 떨어지기 전에 상대의 위에서 오른팔과 허리를 잡아 누른다.

⑷ 꺾는 기술

꺾는 기술은 상대의 발에 재빨리 자신의 발을 걸어 쓰러뜨리는 기술인데, 손으로 발을 잡아 꺾어 쓰러뜨리는 경우도 있다. 발로 상대의 발을 꺾는 경우에는 발이 중심이 되지만, 동시에 팔의 보조도 필요하다.

꺾는 기술을 실시할 때는 자신의 신체가 뜨게 되며, 체세가 무너지기 쉬우므로 충분히 허리를 내려 체세를 정비하여 실시하는 것이 중요하다. 꺾는 기술로 쓰러뜨리는 순간, 서로의 신체가 겹쳐져 쓰러지는 경우가 많아, 위험이 있으므로 주의해야 한다.

주된 꺾기 기술은 다음과 같은 것이 있다.

1. 소내(小內) 꺾기(방어와 반격)
2. 덮어 씌운 자세에서 발목 잡기 (방어와 반격)
3. 덮어 씌운 자세에서 안걸기(방어와 반격)

① 소내(小內) 꺾기

● 요점

유도와 씨름에서도 사용되는 것으로, 서로의 왼쪽, 오른쪽 뒤꿈치에 자신의 왼발을 대고 꺾어 상대의 신체를 뒷쪽으로 쓰러뜨리는 기술이다.

● 처음 자세

① 공격자는 왼손으로 상대의 목을, 오른손으로 왼손 손목을 잡는다.

● 무너뜨리는 방법

공격자는 오른쪽으로 이동(송족(送足)의 요령)하여 방어자의 준비자세를 높인다. 다음에 잡고있는 왼쪽 손목을 앞쪽으로 급격하게 당긴다. 이

그림59 - ① ② ③ ④

그림60 - ① ② ③

순간 왼팔을 양손으로 잡을 기회를 만든다.

● 거는 방법

② 공격자는 오른발을 상대의 왼발 끝의 밖쪽으로 내디디는 것과 동시에 잡고있는 목의 왼손은 풀어, 재빨리 상대의 왼쪽 왼팔을 아래에서 잡고, 왼발을 상대의 왼발 뒷꿈치에 대고 앞으로 꺾는다.

③ 공격자의 신체를 덮어씌워, 상대와 함께 쓰러진다.

④ 상대의 양팔을 잡고, 자신의 신체를 엎어 누른다.

방어

① 공격자가 방어자의 오른발을 꺾자마자, 방어자는 발을 들어올려 꺾고 있는 발을 펴서, 뒷쪽으로 내려 막는다.

● 반격 (팔 잡아 등 뒤로 돌리기)

잡힌 한쪽팔을 반대로 잡아, 등 뒤로 돌리는 기술을 말한다. 방어를 적용하여, 상대의 오른팔을 오른손으로 잡는다.

② 이 동작과 마찬가지로 신체를 벌리고, 왼손으로 공격자의 허리를 등 뒤에서 잡는다.

③ 반격자는 상대의 등 뒤로 돌아, 공격자의 오른팔과 허리를 잡아 앞으로(아래쪽)누르면서, 공격자의 오른발을 안쪽에서 꺾어 공격자를 매트에 누른다.

② 덮어씌운 자세에서 발목 잡기

● 요점
양팔로 한팔과 목을 윗쪽에서 잡아
당겨 떨어뜨리고, 상대의 먼 발목을 잡
아 획 돌리는 기술이다.

● 처음자세
① 공격자는 윗쪽에서 오른팔로 상대
   의 목과 왼손으로 오른쪽 팔꿈치를
   잡는다.

● 무너뜨리는 방법
방어자의 오른팔과 목을 잡은 다음,
움직임의 방향을 바꾸면서 상대를 앞쪽
으로 강하게 당겨, 평형을 잃게 한다.
이어서 잡으려고 하는 왼발을 앞쪽으로
내게 한다.

그림61 - ① ② ③

● 거는 방법
② 방어자의 자세가 무너지면, 공격자
   는 상대의 오른팔 잡은 것을 풀고,
   앞쪽으로 나와있는 발목을 안쪽에서
   잡아 급격 하게 앞으로(윗쪽) 올려,
   뒷쪽으로 쓰러뜨린다.
③ 쓰러진 상대의 위에 덮어씌우듯 누
   르고, 잡고있던 목과 왼발을 당겨
   올리며 누른다.

● 방어
① 공격자가 방어자의 오른발을 껴
   자마자, 방어자는 허리를 낮추고
   상체를 앞으로 기울인다. 이어서,
   잡혀있는 오른발을 급격하게 뒷쪽

그림62 - ① ② ③

으로 내리고, 발목에 걸려있는 오른손을 푼다.

● 반격 (옆구리 빼어 등 뒤로 돌기)
② 잡힌 목을 윗쪽으로 강하게 올리고 상대의 옆구리 아래를 빠져 등 뒤로 돌아가는 기술을 말한다.
방어를 적용하여 공격자의 목을 잡고 있는 팔을 느슨하게 했으면, 반격자는 목을 강하게 윗쪽으로 올리고, 발을 밖쪽으로 이동하면서 상체를 젖히고, 상대의 등에 신체를 회전시킨다.
③ 이 동작 후에 오른손으로 공격자의 허리를 등 뒤로 잡고, 상대의 왼팔을 위에서 잡아 매트에 민다.

③ 덮어씌운 자세에서 안걸기

● 요점
덮어씌운 상대의 왼발을 안쪽에서, 공격자가 지탱하고 있는 발의 반대 발에 호를 그리듯이 꺾어 상대를 쓰러뜨리는 기술이다.

● 처음 자세
① 공격자는 윗쪽에서 오른팔로 상대의 목과 오른쪽 팔꿈치를 잡는다. 방어자의 오른팔과 목을 잡은다음, 앞의 항과 마찬가지로 여러가지 무너뜨리기 기술을 사용하여 상대의 왼발을 앞쪽으로 내도록 한다.

● 거는 방법

② 방어자의 자세를 무너뜨린 다음, 방어자의 앞쪽에 나와있는 왼발 발목에 안쪽에서 걸어, 발끝으로 호를 그리듯이 꺾는다.

③ 쓰러진 상대의 위에 덮어씌워, 잡고 있는 목과 오른팔을 당겨올려 상대를 폴로 가져간다.

● 방어

① 공격자가 방어자의 오른발을 꺾자마자, 방어자는 허리를 낮추어 상대의 오른쪽 넓적다리를 잡아 들어올린다.

그림63 - ① ② ③

그림64 - ① ② ③

● 반격 (밖 걸기)

상대에게 꺾여있는 발을, 반대로 꺾어 쓰러뜨리는 기술을 밖 꺾기 라고 한다.

② 방어를 적용하여 상대의 자세를 무너뜨린 다음, 잡고있는 목을 강하게 윗쪽으로 올리고, 꺾여있는 발을 안쪽(아랫쪽)으로 내리고 상체를 젖혀, 신체를 상대에게 덮어씌워 쓰러뜨린다.

③ 상대의 쓰러진 위에 덮어씌운 양팔로 몸통을 잡아 폴한다.

⑸ 비틀기 기술

프리·스타일에서는 비틀기 기술을 걸 때에 상대의 팔과 목을 위에서 잡아 상대의 움직임을 봉쇄하는 맞서기에서 거는 경우가 많다.

이 맞서기를 덮어 씌우기 라고 부르고 있다. 덮어씌우기 기술은 스탠드·레슬링에 있어서는 테클, 던지기 기술에 이어 많이 사용되고 있다. 씨름과 달리 덮어씌우는 맞서기에서 상대를 비틀어 쓰러뜨리는 기술이 많이 사용되고 있다.

특히, 덮어씌우기 맞서기는 상대의 스태미나를 극도로 소모시키는 것이 그 특징이다.

주된 기술은 다음과 같은 것이 있다.

1. 덮어씌우기에서의 판케이키 (방어와 반격)
2. 덮어씌우기에서의 해로 (海老) 굳히기 (방어와 반격)
3. 비행기 던지기 (방어와 반격)

① 덮어씌우기에서의 판케이키

● 요점

오른팔로 목을, 왼손으로 상대의 오른손 손목을 잡아 상대의 옆구리 아래에 머리를 넣어 신체를 젖히고, 목과 다리를 잡아 머리 넘기기로 휙 돌려 폴하는 기술이다.

● 처음 자세

① 오른손으로 위에서 방어자의 목을, 왼손으로 상대의 오른손 손목을 잡는다.

● 무너뜨리는 방법

목과 왼손을 잡아 앞으로 당기거나 밀거나, 또는 옆으로 이동하여 상대의 옆구리 아래를 벌어지게 한다.

● 거는 방법

② 잡은 왼손 손목을 윗쪽(옆쪽)으로 당겨올린다. 이 동작 뒤에 상대의 옆구리 아래에 머리를 넣고, 오른발을 상대의 양발 사이에 내디디고 왼팔로 상대의 오른쪽 무릎 안을 잡는다.

③ 상체를 오른쪽으로 비틀면서, 상대를 휙 되돌려 매트에 떨어뜨리고, 오른발과 목을 당겨올려 상대의 위에 덮어씌워 폴한다.

● 방어

① 공격자가 방어자의 양발 중간에 오른발을 내디디자마자, 방어자는

그림65 - ① ② ③ ④

허리를 낮추어 오른팔로 상대의 목
을 강하게 잡는다.

● 반격 (씌워 쓰러뜨리기)

상대의 오른팔과 목을 잡고, 덮어씌
운 상대의 가슴 위로 엎드려 폴하는 기
술을 말한다.

② 방어를 적용하여, 상대가 더욱 강
하게 옆구리 아래로 들어오는 순
간을 잡아, 상대의 목과 오른팔을
강하게 당기고, 신체를 상대에게
덮어씌운다. 위를 향하여 쓰러진
상대의 가슴 위에 엎드려 상대를
폴한다.

그림67 - ①②③④

그림66 - ①②

② 덮어씌우기에서의 해로(海老) 굳히기
   ● 요점
   오른손으로 목을, 왼손으로 상대의 오른발을 잡고, 상체를 비틀어
머리 넘기기로 획 되돌려 위로 향하여 쓰러뜨려 폴하는 기술을 말한다.

   ● 처음 자세
① 공격자는 오른손으로 위에서 방어자의 목과, 왼손으로 오른팔을
   잡는다.

   ● 무너뜨리는 방법
   잡고있는 목과 오른팔을 앞으로 당기거나, 밀거나, 또는 옆으로 이
동하면서 상대의 오른발을 앞쪽으로 내도록 한다.

   ● 거는 방법
② 방어자가 자세를 무너뜨린 순간, 공격자는 상대의 오른팔을 잡은 왼
   손으로 상대의 왼쪽 무릎 안을 잡아 측면으로 서고, 이어서 상대의
   신체를 둥글게 하여 눌러 양손을 잡는다.
③ 이 동작과 동시에 더욱 공격자 쪽으로 당겨붙인다. 잡힌 머리를 매
   트에 눌러붙인다. 그후 좀더 왼팔에 힘을 넣어 발을 들어올려 상대
   를 머리로 넘겨 앞쪽으로 획 돌린다.
④ 양팔로 강하게 조여 상대를 폴한다.

   ● 방어
① 공격자가 방어자의 왼발을 잡자
   마자, 방어자는 재빨리 왼발을 뒤
   로 당긴다. 이 동작 후 왼손으로
   상대의 오른팔을 감아잡고, 오른손
   으로 상대의 오른쪽 팔꿈치를 잡는
   다.

   ● 반격 (자리 바꾸기)
   상대의 품으로 들어가, 아래에서 양
팔을 잡고, 신체를 젖혀 감고, 획 돌
려 폴하는 기술을 말한다.
② 방어를 적용하여, 상대의오른팔을

그림68 - ①②③

감듯이 당기고, 이 동작과 동시에 머리를 올리고, 신체를 젖혀, 감은 상대를 획 돌린다.
③ 상대가 위로 향해 누워있는 위에 브릿지하면서 양팔을 강하게 당기고 더욱 신체를 젖혀 상대를 폴한다.

③ 비행기 던지기

● 요점

상대의 윗팔과 목을 잡고, 상대의 양발의 중간에 오른발을 디더넣고, 오른팔로 넓적다리를 잡고 어깨 넘기기로 던지는 기술을 말한다.

● 처음 자세
① 공격자는 오른손으로 목, 왼손으로 방어자의 오른쪽 위 어깨를 안쪽에서 잡는다.

● 거는 방법
② 공격자는 오른발을 상대의 양발 중간에 오른발을 내디디고, 이 동작과 동시에 방어자의 옆구리 아래에 머리를 넣는다. 이어서 머리에 걸었던 오른손을 풀어 상대 앞으로 나와있는 오른쪽 넓적다리를 잡는다. 계속해서 왼발을 상대의 오른발 밖쪽으로 내디딘다.
③ 더욱 오른팔을 당기고, 허리를 비틀면서 상대를 어깨 넘기기로 던진다.
④ 던지기가 끝났으면, 잡은 넓적다리의 손을 풀어 상대가 위를 향해 누

그림69 - ①②③④

그림70 - ①②③

위있는 가슴 위에 목과 오른팔을 잡아 당기고 폴한다.

● 방어
① 공격자가 방어의 오른쪽 넓적다리를 안쪽에서 잡자마자, 방어자는 재빨리 오른발을 뒷쪽으로 내리고, 잡혀있는 오른팔을 힘있게 당겨올리고, 반대로 상대의 왼팔을 잡는다.

● 반격 (옆으로 젖히기)
상대의 한쪽팔을 위에서, 다른쪽 팔을 아래에서 잡아, 신체를 젖혀 상대를 옆으로 회전시켜 돌리는 기술을 말한다.
② 방어를 적용하여, 상대의 왼쪽팔을 당겨올리면서 방어자는 신체를 젖혀 뒷쪽으로 쓰러진다.
③ 매트에 떨어지기 전에 신체를 회전시켜, 상대를 젖힌다.

(6) 젖히기 기술

상대의 팔이나 발을 잡아 당겨붙여 뒤로 젖혀, 자신과 함께 쓰러지는 기술.

그러나 매트에 떨어지기 전에 상대를 자신 아래쪽으로 감듯이하여, 매트에 떨어뜨린 때에는 자신이 상대의 위가 되도록 한다.

그 기술 거는 방법은 그레코・로망・스타일과 프리・스타일과는 다르다.

그레코・로망・스타일에서는, 발을 잡지 않기 때문에, 상대를 뒷쪽으로 젖혀 던질 때에 브릿지를 시키게 되지만, 프리・스타일에서는, 발과 팔과 목, 또는 팔과 다리를 봉쇄하기 때문에, 상대가 브릿지할 수 없는 점이 다르다.

따라서, 후방으로 젖혀 던지는 기술의 주된 것은 다음과 같은 것이다.

1. 옆 젖히기 (방어와 반격)
2. 하진(河津) 걸기 (방어와 반격)
3. 등 업어 젖히기 (방어와 반격)

① 옆 젖히기

● 요점

한팔과 몸통을 잡아당겨 붙이고, 뒷쪽으로 젖히면서 쓰러져 매트에 떨어지기전에 상대를 자신의 아래가 되도록 하는 기술이다.

● 처음 자세

① 공격자는 오른팔로 방어자의 몸통을, 왼손으로 상대의 오른팔을 위에서 잡는다.

● 무너뜨리기 방법

공격자는 상대의 몸통과 오른팔을 껴안고 윗쪽으로 당겨올리거나, 좌우로 기울어지는 동작을 실시하여 옆 젖히기를 걸 기회를 만든다.

● 거는 방법

② 방어자가 무너지는 순간, 공격자는 왼발을 방어자의 오른발 밖쪽으로 내디딘다. 이 동작과 동시에 양팔로 상대를 당겨올리고, 좀더 신체를 젖혀 하복부를 내찌르듯이 올린다.

③ 상대를 매트에서 당겨 떨어뜨리고, 상체의 만곡을 계속하면서 뒷쪽으

그림71 - ①②③④

로 쓰러뜨려 매트에 닿기 전에 왼쪽으로 회전하여, 상대의 위가 되어 함께 쓰러진다.

④ 상대의 오른팔과 몸통을 잡아 누르며, 폴로 이끌어간다.

● 방어

① 공격자가 방어자의 오른팔과 허리를 잡아 상대를 윗쪽으로 당겨올리자마자, 방어자는 매트에서 떨어지지 않도록 자신은 허리를 낮추고, 왼팔을 공격자의 가슴에 대고 상대방을 밀친다.

● 반격 (밖 걸기)

왼발로 밖쪽에서 상대의 오른발에 걸고, 꺾어 쓰러뜨리는 기술이다.

② 방어를 적용하여, 방어자는 공격자가 뒤로 회전하는 순간, 재빨리 방어자의 왼발을 오른발 발목에 건다.

③ 이 동작과 동시에 양팔로 상대의 동체를 강하게 조이고, 위에서 아래로 계속누르면서 상대에게 신체를 씌워 상대와 함께 쓰러지는데, 쓰러질 때는 상대의 위가 되어, 몸통을 양팔로 잡아 폴로 가져간다.

그림72 - ①②③

② 하진(河津) 걸기

● 요점

목과 한쪽팔을 앞에서 잡아 봉쇄한 후, 상대의 발에 안쪽에서 한발을 끼워 젖히는 기술이다.

● 처음 자세

① 공격자는 방어자의 왼팔을 오른팔로 잡고, 한쪽 왼팔로 상대의 목을 감아 잡는다.

그림73 - ①②③④

● 거는 방법

② 상대에게 대하여 옆으로 향하여, 왼발을 상대의 발 사이에 끼워넣는다. 이어서 공격자의 발끝으로 상대의 오른발에 감는다.

③ 공격자는 껴안고 있는 상대의 왼팔과 턱을 강하게 당겨올리고, 상대의 자세가 무너진 순간에 재빨리 신체를 젖힌다.

이 동작과 동시에 공격자는 건 왼발끝을 회전시키고, 상대를 자신의 아래가 되도록 하며 매트에 상대와 함께 쓰러진다.

④ 이어서 상대의 앙와(仰臥) 되어있는 위에 신체를 덮어 씌워 상대의 목과 오른팔을 잡아 브릿지를 무너뜨린다.

● 방어

① 공격자가 왼발에 오른발을 걸면, 방어자는 재빨리 허리를 낮추어 왼발 끝을 매트에서 올린다 (뒤꿈치는

그림74 - ①②③

붙여 둔다). 이어서 밖쪽으로 발을 벌리고, 감겨져 있는 발을 놓아준 다.

그림75 - ①②③④

● 반격

상대의 옆쪽에서 먼쪽 발의 무릎안을 오른손으로 잡아 신체를 덮어씌워 쓰러뜨리는 기술이다.

② 방어를 적용하여, 반격자는 허리를 급격히 내려 오른손을 상대의 먼 왼발 안에 댄다.

③ 이어서 잡은 상대의 왼발을 들어 올리면서 신체를 젖혀 덮어씌워 쓰러뜨린다. 상대가 위를 향하여 쓰러져 있는 위에 엎드려 상대의 몸통과 오른발을 잡아 들어올려 폴한다.

③ 등 업어 젖히기

● 요점

상대의 한쪽 팔을 양팔로 잡아 위를 향하여 젖히면서 가슴을 넘겨 쓰러뜨리는 기술이다.

● 처음 자세

① 공격자는 오른손으로 방어자의 목을, 왼손으로 상대의 오른쪽 팔을 위에서 잡는다.

● 거는 방법

② 공격자는 방어자의 오른발의 밖쪽

에 왼발을 내디딘다. 이 동작다음 오른팔로 상대의 오른쪽 윗팔을 아래에서 잡는다. 이어서 오른발을 왼발과 나란히 하고 신체를 젖힌다.

③ 공격자는 신체를 극도로 젖힌다음, 왼쪽으로 회전을 시작하면서 자신부터 위를 향하여 쓰러진다. 공격자는 매트에 쓰러지기 전에 신체를 비틀어, 상대를 등으로 넘겨 던진다.

④ 상대를 등으로 넘겨 던진 다음, 상대의 옆에 오른쪽 넓적다리 부분을 대고, 상대의 오른팔을 강하게 조여 폴한다.

● 방어
① 공격자가 방어자의 오른팔을 잡자마자, 방어자는 왼손으로 상대의 오른쪽 어깨에 대고 누르고, 공격자의 오른팔 잡은 것을 느슨하게 한다.

그림76 – ①②③

● 반격 (슬라이딩)
상대의 오른팔을 잡아 뒷쪽으로 젖혀 던진 것은, 급격하게 한쪽 오른발을 내디더 상대 위에 덮어씌우는 기술이다.

② 방어를 적용하여, 공격자가 반격자의 앞에서 신체를 젖혀 기울이는 순간, 반격자는 재빨리 오른발을 내디딘다. 이 동작으로 상대의 던지기 회전이 멈춰지며 위를 향하여 매트에 떨어진 다.

③ 쓰러져 있는 상대의 옆구리에 오른쪽 넓적다리 부분을 붙여 양발을 벌리고, 자신의 양손으로 상대의 양 어깨를 눌러 폴한다.

제 3 장
누워 메치는 기술

1. 그라운드 · 레슬링의 기본 자세와 연습

●그라운드 · 포지션의 기본 준비 자세

레슬링의 규정에서는 한편의 경기자가 매트 중앙에 양손과 양무릎을 대고 앉고, 또 한편의 경기자가 하위자의 등 뒤에서 공격하는 자세를 그라운드 · 포지션이라고 한다.

그라운드 · 포지션으로 시합이 진행되는 경우는, 다음과 같은 때이다.

상대에게 등뒤를 감겨 눌린 상태로 경기장 밖으로 나가거나, 브릿지 상태로 경기장 밖으로 도망친 경우이다.

하위자(下位者)는 매트 중앙에(머리는 매트 · 체어맨 방향) 앉고, 양손을 매트에 댄 자세로 준비한다.

상위자(上位者)는 하위자(下位者)의 등에 양손을 나란히 댄 다음, 주심의 신호로 시합이 시작된다.

그라운드 · 레슬링은 기본 자세가 효과적인 공격이나 방어를 실시하기 위하여 필요하며, 기본 자세를 익힌 경기자는 가장 유리한 조건으로 공격하거나 막거나 할 수 있게 된다. 그를 위해서도 기본 자세를 익히는 것이 중요하다.

① 하위자(下位者)의 높은 준비 자세

프리·스타일에서는 우선 양 무릎을 매트에 대고 발끝을 세운 준비 자세가 제일 많다. 양손은 어깨 폭 보다 조금 넓게 벌리고, 양 무릎에서 20cm이상 떨어진 위치에 양 손바닥을 매트에 두도록 한다 (팔을 매트에 대서는 안된다).

양팔에 상반신의 체중을 얹고, 신체의 중심을 하복부에 둔다. 신체는 앞으로 구부리는데 양 옆구리를 조이고, 머리를 들어 천후, 좌우로 움직일 수 있고, 그리고 일어날 수 있는 자세를 만든다. 이 준비 자세는 반격으로 바꿀 수 있는 준비 자세이다.

●**연습상의 주의점**

① 이 준비 자세로 가장 안정을 얻을 수 있다고 명심한다. 높은 준비 자세에 있을 때, 특히 상반신 (어깨)의 힘을 빼고, 상대의 공격에 대하여 높은 준비 자세에서 전후, 좌우로 움직일 수 있도록 준비한다.

그림77

② 양발은 가능한 한 민첩하게 움직일수 있도록 발끝으로 서고, 각 관절을 유연하게 해 둔다.

③ 양손은 매트에 붙이고, 상체를 양 무릎과 발에 얹고, 가능한 한 높은 준비 자세가 되면 좋다.

② 하위자(下位者)의 낮은 준비 자세

실전 때에는, 앞에서 서술한 높은 자세보다 조금 다른 준비 자세가 상당히 효과적인 경우가 있다. 앞의 높은 준비 자세에서 양발의 발등을 매트에 댄다(발을 감거나 겹치거나 하는 것이 아니다).

양손은 양 무릎에서 가능한 한 떨어진 위치에 붙이고 낮은 자세가 되며, 상대의 공격을 방어하는 준비 자세이다. (그림 78)

●**연습상의 주의점**

낮은 준비 자세는 방어의 준비 자세이며, 시합 중에는 이 자세에서 시

그림78

합 개시의 호루라기가 우는 것과 동시에 팔을 매트에 대거나 준비 자세를 바꿀수 있도록 연습하면 좋다.

③ 상위자(上位者)의 준비 자세

상위자는 하위자(양손과 양 무릎을 매트에 붙이고 있는)의 등 뒤에서, 양 발을 어깨 폭 보다 조금 넓게 두고, 앞으로 구부린 자세가 된다. 양팔은 구부리고 양손을 하위자(下位者)의 등에 댄다(심판의 신호가 있을 때까지 하위자(下位者)를 당기거나 밀거나 해서는 안된다). 이 준비 자세에서는 한쪽 무릎, 양쪽 무릎을 붙여도 상관없다.

이 자세가 규정에 따라 정할 수 있는 상위자(上位者)의 준비 자세 방법이다 (그림 79).

●연습상의 주의점

상위자(上位者)는 가능한 한 하위자와 접근하여 준비하고, 심판의 호루라기와 동시에 하위자의 움직임을 봉쇄하도록 하는 것이 중요하다.

그림79

2. 맞서기(라이딩)

그라운드·포지션에서 상위자가 하위자를 한쪽 또는 뒤에서 누르는 것을 라이딩이라고 한다.

주심의 신호 후의 상위자와 하위자의 움직임은 변화 무쌍하게 서로 상관 관계를 맺는다. 공격하는 상위자의 맞서기는 하위자의 움직이는 방법에 따라 달라진다. 반대로 하위자는 공격하는 상위자가 어떤 맞서기에 의해 누르는가에 따라 작용한다.

이 때문에 주심의 호루라기가 울린 후, 하위자는 어떤 준비 자세를 할 것인가, 또 공격하는 상위자가 처음 어떤 맞서기를 할 것인가는 일반적으로 결정할 수 없다. 따라서 상당히 많은 경기자가 사용하고 있는 맞서기를 들어보면 다음과 같다.

(1) 한쪽 팔과 몸통을 잡는 맞서기

주심의 호루라기가 울면 동시에 상위자는, 하위자의 왼쪽에서 왼손으로 상대의 왼팔(팔꿈치)을 위에서 잡고, 오른손으로 하위자의 몸통을 껴안는다.

이 맞서기에서 양발을 뒷쪽으로 벌리고, 발끝으로 서서 하위자의 등에 자신의 가슴을 대고, 신체를 젖혀 상대에게 전 체중이 걸리도록 하여 하위자가 도망갈 수 없게 누른다.

그림80

● 이 맞서기에서 이용할 수 있는 기술
옆 무너뜨리기, 팔꺾기.

(2) 한쪽 발목과 목을 지레로 잡는 맞서기

주심의 호루라기가 우는 것과 동시에 상위자(上位者)는 하위자(下位者)의 왼쪽에서 왼손으로 상대의 오른쪽 옆구리 아래를 잡고, 앞팔을 목 위에 둔다.

오른손으로 상대의 오른발을 위에서 잡고, 상위자(上位者)는 뒷쪽에 양발을 벌리고 발끝을 세우고, 하위자의 등에 상위자의 가슴을 붙이고,상위자의 체중이 등에 걸리도록 누르고, 하위자의 움직임을 막는다.

그림81

● 맞서기에서 이용할 수 있는 기술
상대를 눌러 쓰러뜨릴 수 있다.

(3) 하위자의 발에 발을 감는 맞서기

주심의 호루라기가 우는 것과 동시에 상위자는 하위자의 왼쪽에서 왼손으로 몸체를 잡고, 오른손은 하위자의 오른발을 잡아 들어올리는 것과 함께, 상위자의 왼발을 하위자의 발 사이에 끼워넣고 상대의 왼발에 감는다.

이 동작과 동시에 하위자의 등에 말타기를 하면서, 발바닥을 붙이고 하위자를 누른다. (그림 82)

●이 맞서기에서 이용 할 수 있는 기술

넓적다리 앞으로 하기, 발잡아 굳히기, 상대편의 두 겨드랑이를 위에서 껴안고 세게 조르기 등이 있다.

그림82

(4) 한쪽 발목(안쪽)과 몸통을 잡는 맞서기

주심의 호루라기가 우는 것과 동시에 상위자는 하위자의 왼쪽에서 왼손으로 상대의 몸체를 아래에서 들어올리듯이 잡고, 오른손으로 하위자의 왼발 발목을 안쪽에서 잡는다.

이 맞서기에서 상위자는 가슴을 상대의 몸통에 대고 누르고, 오른쪽 무릎을 매트에 대고, 왼발 발바닥을 대고 하위자를 도망갈 수 없게 누른다 (그림 83).

●이것에서 이용 할 수 있는 기술

발 감기. 당겨 올려 젖히기. 발 잡아 굳히기.

그림83

(5) 한쪽 발목(밖쪽)과 몸통을 잡아 맞서기

주심의 호루라기가 우는 것과 동시에 상위자는 하위자의 등 뒤에서 왼손으로 상대의 왼발 발목을 밖쪽에서 잡고, 오른팔로 하위자의 몸통을 껴안는다.

이 맞서기에서 상위자는 상대의 등 뒤에 가슴을 붙여 누르고, 오른쪽 무

그림84

릎을 매트에 붙이고, 왼발 발바닥을 붙이고 하위자를 도망갈 수 없도록 누른다 (사진84).

● 이 맞서기에서 이용할 수 있는 기술
   옆 무너뜨리기

3. 하위자 도망가는 방법

그라운드 · 포지션에 있는 하위자의 도망가는 기술은 다음과 같다.

① 뛰어올라 도망간다.

주심 호루라기와 동시에 상위자가 완전하게 홀드하기 전에 상위자로부터 재빨리 앞이나 옆으로 뛰어 떨어져 상위자와 마주하여, 상대에게 공격의 기회를 주지말고 반대로 반격의 기회를 만든다.

② 상위자가 한쪽 팔과 몸통을 잡는 맞서기에서 도망치는 방법

① 상위자가 하위자의 왼쪽에서 왼쪽 무릎과 오른발 발바닥을 붙이고, 왼손으로 하위자의 왼팔을 잡고, 오른손으로 하위자의 몸통을 위에서 잡는다.

② 하위자는 오른발을 상위자의 오른발의 오른쪽 비스듬하게 앞으로 오른발 발바닥을 붙여 내디디고, 이 동작과 동시에 왼발 발끝을 안쪽으로 당긴다 (하위자의 허리는 자유로이 움직일 수 있도록 한다).

③ 계속해서 하위자는 오른손으로 상

그림85 - ① ② ③

위자의 오른손(손등)을 잡아 하위
자의 몸통에서 떨어뜨리면서, 왼손
을 매트에 대어 지탱하고, 왼발을
비스듬히 앞으로 내던지고, 신체
를 젖힌다.

④ 하위자는 도망친 발을 넘어 스핀
을 이용하여 신체를 비틀어, 상위
자와 마주한다.

그림86 – ①②③④

③ 발목과 목을 지레로 잡은 맞서기에서 도망치는 방법

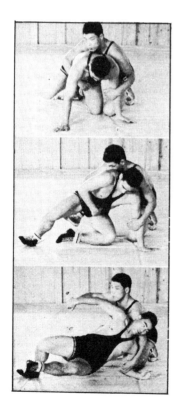

① 상위자가 하위자의 오른쪽에서
오른쪽 무릎과 왼발 발바닥을 붙
이고, 오른손으로 하위자의 오
른쪽 옆구리 아래에 찔러넣고,
하위자의 목을 지레로 잡고, 왼
손으로 왼발 발목을 밖쪽에서 잡
는다.

② 하위자는 왼손으로 잡혀있는 상대의 왼손 손목을 잡는다. 이 동작과 동시에 왼발을 밖쪽 및 앞쪽에 왼발 발바닥을 붙여 내디디고, 오른발도 동시에 안쪽으로 당기고, 잡고있는 손목을 놓는다 (하위자의 허리는 자유롭게 한다).

③ 오른손을 매트에 지탱하고, 오른발을 차듯이 하여 내던지고, 신체를 젖힌다.

④ 왼발을 넘어디디고 신체를 비틀어 상대와 마주한다.

그림 87 - ① ② ③ ④

4. 실전에 있어서의 연습 과정

그라운드 · 레슬링의 기본 자세와 맞서기 및 도망가는 방법을 습득한 다음 실전 연습에 들어가는 것이다. 매트 위에 있어서 실전 연습을 보다 한층 확실한 것으로 하기 위해서는, 이내 실전 연습에 들어가지 말고, 그라운드 · 레슬링의 모의 연습을 한 다음 실전에 들어가는 것이 좋다. 특히 매트 위의 실전을 서두르면 스탠드 · 레슬링 항에서 설명한 것과 같은 결과에 빠지기 때문에, 다음의 세가지 기본을 연습하여 충분히 습득한 다음 실전 연습에 들어가는 것이 바람직하다.

연습 I

① 보조자와의 맞서기 연습

① 연습자는 하위자가 앉아있는 왼쪽에서 등에 가슴을 대고, 양발은 어깨폭 보다도 크게 벌리고, 발끝으로 서서 신체를 젖히면서 하위자의 등에 전 체중이 얹히도록 위치한다. 양손은 벌려 하위자의 등에 놓는다.

② 오른발을 반보 옆으로 내디디고, 연습자는 체중을 오른발에 이동시키고, 재빨리 오른발에 준하여 왼발을 반보 앞으로 내디딘다 (송족(送足)의 요령).

③ 이 발의 움직임을 반복하여 이동하고, 오른쪽으로 이동하여 신체를 젖혀 하위자의 등에 체중을 얹는다.

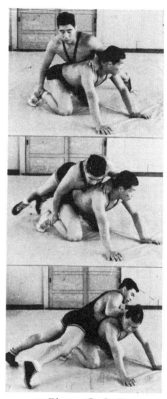

그림88 - ① ② ③

② 모의 연습

누르는 방법의 기본 연습은 처음에는 천천히 양손을 사용하지 말고 실시한다.

가슴을 하위자의 등에 대고, 그곳을 중심점으로 하여 발끝으로 옆으로 걷고, 왼쪽 오른쪽 어느 방향으로라도 움직일 수 있도록 한다. 다음에 양발을 차고, 반동을 붙여 왼쪽 오른쪽으로 돌리며 변화를 준다. 다음 단계에서는, 하위자의 목과 발목을 잡아 왼쪽 오른쪽으로 자유로이 이동할 수 있

그림89 - ①②③

도록 연습한다. 이 움직임에서 하위자를 매트에 쓰러뜨려 기는 자세로 되도록 하여 누르거나 하는 연습도 하면 좋다.

● 연습상의 주의점

① 맞서기에서 좌우로 움직여 이동하는 경우, 누르는 방법의 기본 자세를 무너뜨리지 말 것.

② 보조자의 등에 연습자의 전 체중이 걸리도록 하여 돌고, 보폭은 좁게 하고, 너무 높이 올리지 말고, 양발의 발끝으로 실시할 것.

③ 맞서기 기술은 그라운드·레슬링의 모든 맞서기의 기본이 되는 것으로, 몇 번이고 반복하여 실시하는 것이 좋다.

연습 II

① 감는 기술 단독 연습

① 연습자는 왼쪽 넓적다리와 신체를 매트에 대고 옆으로 하여, 왼쪽 팔꿈치로 신체를 지탱한다. 오른발을 올려 앞쪽으로 편다.

② 다음 오른발로 호를 그리듯이 하여 들어올린다.

③ 이 동작을 계속하면서 오른발 발바닥을 매트에 강하게 댄다.

② 보조자와의 감기 기술 연습

① 연습자의 왼쪽에서 보조자는 왼손으로 연습자의 왼팔을 잡고,오

른팔로 연습자의 몸통을 껴안는다.

② 연습자는 오른쪽 무릎을 반보 오른쪽 비스듬히 앞으로 내디디면서 보조자의 오른쪽 손목을 하복부의 위치에서 잡는다.

③ 왼발을 보조자의 왼발(뒤꿈치)에 아래에서 건다.

④ 연습자는 오른쪽 팔꿈치를 매트에 대고 옆으로 회전한다. 이때 왼발을 올려 회전에 이용하고 보조자를 획 돌린다.

⑤ 이어서, 오른발로 딱 버티면서 허리를 젖혀 보조자의 몸통 위가 되도록 하여 누른다.

③ 모의 연습

① 처음에는 천천히 감는 기술의 단독연습을 실시하는데, 발 차올리기 폼을 만들면서, 발 차기의 힘을 강하게 하도록 연습하고, 왼쪽 오른쪽 어느쪽으로라도 가능할 수 있도록 연습할 것.

② 다음에 보조자와 모의 연습에 들어 가는데, 처음에는 천천히 실시하고, 폼을 완성한 다음 서서히 스피드를 붙여 실시한다.

그림90 - ①②③④⑤

●연습상의 주의점

① 보조자의 손목을 잡아 감을 때에는, 반드시 일보 비스듬히 앞에 대고있는 무릎을 내디디고, 상대를 무너뜨린 다음 차는 것이 좋다.

② 보조자를 옆으로 회전시키고, 젖힌다음, 연습자는 상체를 일으키고, 허리를 돌려 엎드린 자세가 된 다음 누를 것.

그림91 - ①②③④

연습 Ⅲ

① 스잇치의 단독 연습

① 연습자는 높은 그라운드의 준비 자세에서 매트에 양 손바닥을 벌려댄다.

② 오른발을 반보 오른쪽 비스듬히 앞으로 오른발 발바닥을 붙여 내디디고, 왼발 발끝을 안쪽으로 당기고(보조자의 허리는 자유로어 움직일 수 있도록 한다),왼쪽 무릎에 체중을 옮긴다.

③ 연습자는 재빨리 왼발로 오른손을 차듯이 하여 앞쪽으로 던져내고, 왼손과 오른발로 신체를 지탱하고 서면서 신체를 젖힌다.

④ 계속 당겨 강하게 신체를 젖히고, 오른손을 뒤집어 뒷쪽으로 편다.

② 보조자와 스잇치 연습

① 연습자의 왼쪽에서 보조자는 왼손으로 연습자의 왼팔을 잡고, 오른팔로 연습자의 몸통을 꺼안는다.

② 연습자는 오른발을 반보 오른쪽 비스듬히 앞으로 오른발 발바닥을 붙여 내디디고, 왼발 발끝

그림92 - ① ② ③ ④

을 안쪽으로 당기고 (보조자의 허리는 자유로이 움직일 수 있도록 한다), 왼쪽 무릎에 체중을 옮긴다.

③ 연습자는 재빨리 왼발로 오른손을 차듯이하여 앞쪽으로 던져 낸다. 왼손과 오른발로 서서 신체를 젖히고, 오른손을 젖혀 상대의 오른쪽 안 넓적다리에 대고 연습자는 상대의 어깨에 체중을 얹는다.

④ 연습자는 재빨리 오른발 발끝으로 회전하고, 허리를 젖혀 상대의 등 뒤로 돈다.

③ 모의 연습

① 처음에는 천천히 스잇치 단독 연습을 실시하는데, 왼쪽 오른쪽 어느쪽으로라도 가능할 수 있도록 반복하여 실시한다.

② 다음 단계에서 모의 연습을 실시하는데, 처음에는 천천히 실시하여 폼을 완성한 다음 서서히 스피드를 붙여 실시한다.

③ 보조자에게 다른 맞서기를 하도록 부탁하여, 그 연습을 하여, 스잇치 기술을 완성시킨다.

● 연습상의 주의점

① 오른발을 오른쪽 비스듬히 앞으로 오른발 발바닥을 붙여 내디디는 것과 동시에, 왼발 발끝을 오른쪽 뒤꿈치에 가까이 할 때는 반드시 왼발 발끝만으로 이동한다.

② 신체를 젖힐 때는 보조자의 어깨에 체중을 얹고, 상대가 움직이지 않도록 하는 것이 중요하다.

5. 누워 메치기의 폴

(1) 목을 공격하여 폴하는 기술

목을 중심으로 하여 공격하는 기술은 여러가지 방향에서 실시할 수가 있다.

그러나, 목을 공격할 때에는 상대의 한쪽 팔이나 양팔을 지점으로 하여 지레로 잡아 목을 공격하는 것에 특징이 있다. 이 외 팔과 목을 잡아 공격하는 외에, 발을 걸어 공격할 수 있다.

주된 기술은 다음과 같은 것이 있다.

1 하프·넬슨 (방어와 반격)

2 코터·넬슨 (방어와 반격)

3 풀·넬슨 (방어와 반격)

① 하프·넬슨

● 요점

상대의 옆구리 아래에서 한쪽팔을 끼워넣고, 목에 대고 지레의 응용으로 비틀어 젖히는 기술이다.

● 처음 자세

① 공격자는 방어자의 오른쪽에서 왼쪽 무릎을 대고 오른발 발바닥을 세워, 오른쪽 팔을 상대의 오른쪽 옆구리 아래에서 끼워넣어 목에 댄다.

● 거는 방법

② 공격자는 지레로 잡은 상대의 목을 강하게 아래쪽으로 나누고, 이 동작과 동시에 가슴으로 아래에서 위로 향하여 상대의 몸통을 누르면서 매트에 눌러 쓰러뜨린다.

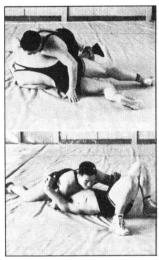

그림93 - ①②③④

● 반격 (밖 감기)

상대의 한쪽 팔을 오른쪽 옆구리 아래에서 잡고, 오른발로 상대의 오른발에 밖쪽에서 걸고 감아 던지는 기술이다.

② 방어를 적용하여, 반격자는 공격자의 오른쪽 팔을 아래에서 잡은 다음, 오른발을 상대의 오른발의 밖쪽에 내어 건다.

③ 반격자는 잡은 오른팔을 강하게 조이고, 다른쪽으로 회전한다. 이어서 상대와 함께 쓰러지고, 오른발로 매트에 단단히 버티면서 폴한다.

② 코터·넬슨

● 요점

③ 공격자는 더욱 오른쪽 팔로 상대의 목을 감아잡고, 상대의 머리 근처를 걸으면서 상대를 비틀어 젖힌다.

④ 상대의 목과 왼팔을 위에서 잡아 강하게 당겨 폴한다.

● 방어

① 방어자는 매트 위에 양손으로 지탱하면서 목을 올리고, 오른쪽 옆구리를 조여 공격자의 목의 홀드를 푼다.

그림94 - ①②③

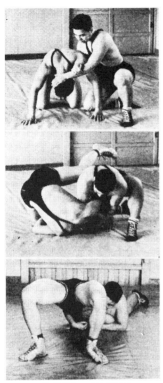

그림95 — ① ② ③

상대의 옆구리 아래에서 목과 한쪽 팔을 지레로 잡고, 비틀고, 젖히는 기술이다.

● **처음 자세**

① 공격자는 방어자의 왼쪽에서 오른쪽 무릎을 붙이고, 왼발 발바닥을 붙이고서, 왼손을 목에 대고, 오른쪽 팔을 옆구리 아래에서 끼워넣어 자신의 왼쪽 앞팔을 잡는다.

● **거는 방법**

② 공격자는 잡은 방어자의 목을 아래쪽으로 강하게 누르고, 상대의 머리가 매트에 닿기 전에, 상대의 목을 자신의 가슴 근처에 비틀면서 당겨 붙인다.

③ 이어서 상대를 앞쪽으로 비틀어 젖힌다. 상대를 앙와(仰臥) 한 다음, 상대의 위에 덮어씌우고, 목과 오른팔을 잡아 자신의 가슴 근처에 당겨 폴한다.

● **방어**

① 방어자는 양손으로 매트에 딱 붙어 지탱하면서 왼쪽 옆구리를 조이고 머리를 들어 공격자에게 홀드를 당하지 않도록 한다.

● **반격** (빠져나가 감기)

공격자의 품에 들어가 상대의 양팔을 양 옆구리 아래에서 잡고, 감아 젖히는 기술이다.

② 방어를 적용하여, 반격자는 오른발을 앞으로 내디디고 상대와 마주하여, 계속해서 상대의 품에 들어가, 오른손으로 왼팔을, 왼손으로 상대의 오른팔을 잡는다.

③ 반격자는 왼발을 앞으로 내디디면서 신체를 젖히고, 상대를 어깨 넘겨 던진다.

④ 상대가 위로 향해 누워있는 위에, 브릿지를 하면서 양팔을 조이며 폴한다.

③ 풀·넬슨

●요점

상대의 양 옆구리에서 양손을 찔러넣고, 목에 대어, 지레의 응용으로 비틀어 젖히는 기술이다.

●처음 자세

① 공격자는 방어자의 왼쪽에서 오른쪽 무릎을 대고, 왼발 발바닥을 붙이고 서서, 상대의 왼쪽 옆구리 아래에서 왼손을 찔러넣어 목을 잡는다.

●거는 방법

② 공격자는 방어자의 반대쪽에 신체를 이동하여, 상대의 오른쪽 옆구리 아래에 오른손을 찔러넣어, 상대의 뒷머리 부분에 양손을 교차하여 잡는다.

그림96 - ①②③④

그림97 - ①②③④

③ 공격자는 양손을 매트에 단단히 댄다음, 상대의 머리를 자신의 가슴 부근에 당겨붙이고, 상대의 머리 주위를 돌며 상대를 위로 향하여 눕도록 젖힌다.

④ 상대를 위로 향하여 눕도록 젖힌 다음 상대의 목과 왼팔을 잡아 폴한다.

● 방어

① 만일 공격자가 완전한 홀드를 했으면, 방어자는 양 옆구리를 조이고, 공격자의 양팔을 조이면서 머리를 올리고, 공격자의 홀드를 떼어 놓는다.

● 반격 (감아넣기)

상대의 양팔을 옆구리 아래에서 잡고, 감아 젖히는 기술이다.

② 공격자가 반격자를 기는 자세로 되도록 하고, 양발로 머리 주위를 돌기 시작하자마자, 반격자는 왼발을 공격자의 왼쪽 발목에 대고, 오른쪽 팔꿈치를 매트에 대고, 옆으로 회전하여 상대와 함께 젖힌다. 이어서 공격자에게 등을 향하고, 양팔을 강하게 양 옆구리 아래에 조여붙인다.

③ 이 동작과 동시에 신체를 젖히고, 상대를 위로 향하여 눕도록 하여 누른다.

(2) 팔을 공격하여 폴하는 기술

팔을 중심으로 공격하여 폴하기 위해서는, 상대의 손목이나 윗팔을 여러가지 잡은 방법으로, 상대를 매트에 젖히는 기술이 있다.

팔을 공격하는 기술은, 상대를 폴하기 위하여 중요한 요소를 가지며, 그라운드·레슬링에 있어서는 중요한 기술이다. 이 경우도 목을 공격하는 기술과 마찬가지로, 상대의 발에 발을 감아 공격한다. 또, 팔을 잡아 공격할 때에 상대의 팔을 90도 이상 구부리거나, 반대로 손을 잡거나 하는 것은, 규정에 의해 금지되어 있기 때문에 연습 때에는 주의가 필요하다.

주된 기술은, 다음과 같은 것이 있다.

1. 팔 잡아 굳히기 (방어와 반격)
2. 팔 쓰러뜨리기 (방어와 반격)
3. 팔 잡아 젖히기 (방어와 반격)

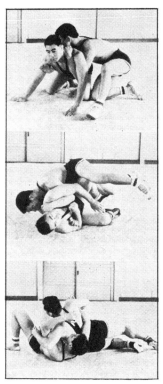

그림98 - ① ② ③

① 팔 잡아 굳히기

● 요점

상대의 한쪽 팔을 양팔로 잡고, 가슴으로 밀어올려 젖히는 기술이다.

● 처음 자세

① 공격자는 방어자의 왼쪽에서 오른쪽 무릎을 매트에 대고, 왼발 발바닥으로 서고, 양손으로 상대의 오른쪽 윗팔을 끼우듯이 하여 잡는다.

● 거는 방법

② 공격자는 힘 있는 동작으로 상
대의 오른팔을 자신의 가슴에 당
겨 붙인다. 이 동작과 동시에
상대의 몸통을 가슴으로 누르면
서 상대를 옆으로 돌린다.
③ 위를 향해 누워 있는 상대의 위
에, 오른쪽 팔의 어깨를 잡아
당겨 올리고, 기는 자세에서 신
체를 젖혀 눌러 쓰러뜨리며 폴
한다.

그림99 - ① ② ③

● 방어
① 방어자는 잡혀있는 오른팔을 옆
으로 올린다. 이 동작과 동시에
오른발을 앞으로 내디더, 신체
를 지지하여 공격자에게 홀드를
당하지 않도록 한다.

● 반격 (옆구리 빠져나가 눌러쓰러
뜨리기)
상대의 옆구리 아래에 왼팔을 대고
신체를 뒷쪽으로 비틀어 젖히는 기술
이다.

그림100 - ① ② ③

② 반격자는 왼손으로 공격자의 옆구리 아래에 왼팔을 힘있게 누르고, 신체를 뒷쪽으로 젖히고, 상대방에게 가슴을 향하면서 상대를 뒷쪽으로 던진다.

③ 기는 자세가 되어, 오른쪽 앞팔로 매트에 지탱하면서, 상대의 몸통을 위에서 잡아 폴한다.

② 팔 쓰러뜨리기

● 요점

한쪽팔을 위에서 잡고, 상대의 어깨에 신체를 얹어 쓰러뜨리고, 상대의 머리 주위를 돌며 젖히는 기술이다.

● 처음 자세

① 방어자의 왼쪽에서 오른쪽 무릎을 대고, 왼발 발바닥을 대고 서서, 왼손으로 상대의 왼팔을 위에서 잡고, 오른팔로 상대의 허리를 잡는다.

● 거는 방법

② 공격자는 방어자의 오른발을 들어올리고, 가슴으로 밀면서 상대를 기는 자세가 되도록 한다. 공격자는 방어자의 왼쪽 윗팔을 잡고, 상대의 위에 몸통을 얹는다.

③ 공격자는 상대의 오른팔을 계속 보존하고, 재빨리 양발로 방어자의 머리 주위를 돈다.

④ 상대가 위를 향해 누워있는 위

그림101 - ①②③④

에 목과 왼팔을 잡고, 당겨 폴을
한다.

● 방어

① 방어자는 왼쪽 윗팔을 잡히지
   않도록, 재빨리 왼쪽 윗팔을 앞
   쪽으로 낸다.

● 반격 (튀어 감기)

한손을 허리 아래에 잡고, 상대의
발을 발로 차 올리고, 등을 넘겨 감아
젖히는 기술이다.

② 반격자는 오른쪽 무릎을 앞으
   로 내디디고, 공격자의 오른쪽
   손목을 허리 위치에서 잡는다.

③ 반격자는 왼발을 펴 상대의 왼
   발 발목에 건다. 이어서, 상대의
   오른손을 잡으면서 옆 돌기를 시
   작한다. 이 동작과 동시에, 왼발
   로 상대의 왼발을 올리고 상대
   와 함께 쓰러진다.

④ 상대가 위를 향해 누워있는 위에
   서, 공격자는 허리를 회전시키고
   잡고 있는 상대의 오른손을 당겨
   폴한다.

그림 102 － ①②③④

③ 팔 잡아 젖히기

● 요점

상대의 한쪽 손목을 잡아 호를 그리듯이 젖히고, 상대를 쓰러뜨리는
기술이다.

● 처음자세

① 공격자는 방어자의 왼쪽에서 오른쪽 무릎을 매트에 대고, 왼발
발바닥으로 서서, 상대의 왼손 손목을 아래에서 잡는다.

● 거는 **방법**

② 공격자는 힘 있는 동작으로 상
　대의 왼손 손목과 허리를 잡고,
　매트에 눌러 쓰러뜨린다.

③ 이어서 왼손으로 상대의 왼손 손
　목을 들어올린다. 더욱 들어올
　리기 위하여 일어나 허리를 매
　트에 댄다. 계속해서 왼손 손목
　을 잡아 호를 그리듯이 왼팔을
　상대의 등으로 돌린다.

④ 상대가 옆으로 회전하고 있는 위
　에 기는 자세가 되도록 하여, 목
　과 왼팔을 잡아 폴한다.

그림103 - ①②③④

●방어

① 방어자는 잡혀있는 왼손을 호
　를 그리듯이 앞쪽으로 내고, 상
　대의 홀드를 약하게 하여 양손
　을 매트에 단단히 대고, 오른발
　을 옆으로 내디딘다.

● 반격 (스잇치)

공격자의 아래에 되어있는 반격자가, 허리를 젖혀 상대의 등 뒤로 도는 기술이다.

● 처음 자세

② 방어를 적용하여, 반격자는 오른발을 앞으로 내디더 선다. 이어서 왼발로 매트에 단단히 붙어있는 오른손 손목을 차듯이 하여 신체를 젖히고, 왼발을 앞쪽으로 미끄러뜨리듯 낸다 (이때 매트에 엉덩이를 붙이지 않는다). 이 동작과 동시에 공격자의 어깨 위에 신체를 얹는다.

③ 등 뒤에 굳히기 위해서는, 왼발을 넘어 허리를 회전하여 상대의 등 뒤로 돌고, 왼팔과 허리를 잡고 콘트롤한다.

그림 104 - ①②③

(3) 몸통을 공격하여 폴하는 기술

몸통을 중심으로 공격하여 폴하는 기술은, 프리·스타일에서는 한쪽 팔과 몸통과 목과를 함께 잡아, 상대를 젖히는 기술이 많이 사용되고 있다.

이 기술을 거는 목적은, 폴 보다도 득점을 얻는 것을 목적으로 하며, 점수 차이가 크지 않은 유리한 기술이다.

주된 기술은 다음과 같다.

1. 옆 쓰러뜨리기 (방어와 반격)
2. 거꾸로 서서 젖히기 (방어와 반격)

① 옆 쓰러뜨리기

● 요령

상대의 몸통과 한쪽 팔을 등 뒤에
서 잡아 측면으로 젖히는 기술이다.

● 처음 자세

① 공격자는 방어자의 왼쪽에 왼쪽
　무릎과 오른발 발바닥으로 서서
　오른쪽 팔로 상대의 몸통을 위
　에서 잡고, 왼손으로 상대의 왼팔
　(팔꿈치)을 위에서 잡는다.

● 거는 방법

② 공격자는　오른손을 매트에 단단
　히 지탱하면서 상대의 왼팔을 잡
　아　당겨 붙이고, 상대와　함께
　왼쪽 옆구리로 쓰러진다.

③ 상대의 왼쪽 어깨가 매트에 스
　치자마자, 공격자는 왼팔 잡은
　것을 풀고, 왼쪽 팔꿈치를 매트
　에 댄다.

④ 오른팔로　몸통을 아래에서 위
　로 힘 있게 당겨 올리고, 상대를
　옆으로 쓰러뜨린다. 이 때 오른
　발을 상대의 오른발에 걸어 올려
　폴로 몰고간다.

● 방어

① 방어자는　공격자에게 왼팔과 몸
　통을 잡히자마자 재빠른 동작
　으로 기는 자세가 되어, 오른쪽
　팔꿈치와 왼손으로 매트에 단단
　히 버티면서, 공격자 쪽에 가슴
　을 향한다.

그림105 - ①②③④

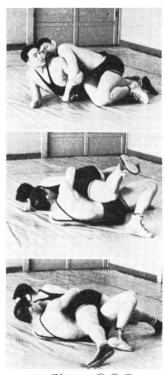

그림106 – ① ② ③

② 거꾸로 서서 젖히기

● 요점

상대의 몸통과 목을 지레로 잡고, 앞쪽으로 젖히는 기술이다.

● 처음 자세

① 공격자는 방어자의 왼쪽에 왼쪽 무릎과 오른발 발바닥으로 서서 공격자는 왼팔을 상대의 목 위에 두고, 오른팔로 몸통을 아래에서 잡는다.

● 거는 방법

●반격 (발 꺾어 젖히기)

상대가 옆쪽으로 회전하기 시작할 때, 신체를 젖혀 상대의 위로 덮어 씌우고, 상대의 위에 타는 기술이다.

② 방어를 적용하여, 공격자가 옆으로 회전하기 시작한 순간, 반격자는 신체를 계속 젖힌다.

③ 상대의 자세가 무너진 순간, 자신은 왼발을 뒷쪽으로 급격하게 펴면서 상대의 몸통을 넘긴다. 오른발로 매트에 버티고, 상대의 위에 타서 폴로 몰고간다.

그림107 – ① ② ③

② 이어서 공격자는 왼손으로 상대의 머리를 자신쪽에 당겨 붙이고, 가슴으로 누르면서 오른손으로 상대의 몸통을 들어올린다. 오른발을 세워 왼손으로 목을 누르고, 오른손으로 상대의 몸통을 들어올리면서 공격자는 상대를 거꾸로 젖힌다.

③ 매트에 양어깨를 눌러 붙이고 상대의 오른팔의 위에 기는 자세로 엎드린다. 공격자는 목과 오른팔을 잡고 당겨붙여 폴한다.

● 방어

① 방어자는 양손을 똑바로 펴고, 매트에 단단히 버티고, 양발을 뒷쪽으로 펴고 하복부를 매트에 붙인다.

● 반격(옆구리 빠져나가 눌러 쓰러뜨리기)

상대의 손목을 잡고, 상대의 옆구리 아래에서 왼팔을 대고, 신체를 뒷쪽으로 비틀어 젖힌다.

② 공격자가 반격자를 잡아 매트에 자신의 머리를 누르기 시작하면, 반격자는 매트에 양손을 단단히 버티고, 오른발을 앞으로 내디더 오른발 발바닥을 세운다. 오른손으로 상대의 오른손 손목을 잡는다. 그 후 왼팔을 상대의 왼쪽 옆구리에 대고, 신체를 뒷쪽으로 젖히고, 상대쪽에 가슴을 향하면서 상대를 뒷쪽으로 던진다.

③ 기는 자세에서 왼팔(앞팔)로 매트에 지탱하면서, 반격자는 상대의 몸통 위에서 눌러 폴한다.

그림 108 - ①②③

(4) 발을 공격하여 폴하는 기술

발을 중심으로 공격하여 폴하는 기술은, 상대의 발을 여러가지 잡는 방법으로 잡아 상대를 매트에 젖혀 쓰러뜨려 폴하는 기술이다.

발을 공격하는 기술은 대개의 경우 상대를 공중으로 들어올린다음 실시하는 것으로, 이 기술을 실시하는 경기자는 상당히 강한 허리와 팔의 강건함이 있어야 한다. 그러나, 그라운드·레슬링에서 상대의 완전 방어를 타파하기 위해서 가끔 사용하는 기술이다.

주된 기술은 다음과 같다.
1. 발 잡아 굳히기(방어와 반격)
2. 발 휘감기(방어와 반격)
3. 잡아올려 젖히기(방어와 반격)
4. 엉클·홀드(방어와 반격)

① 발 잡아 굳히기
● 요점
상대의 먼 발을 잡아 당기고, 배 위에 얹어 비틀어 거꾸로 젖혀 폴하는 기술이다.

● 처음 자세
① 공격자는 방어자의 왼발에 자신의 왼발을 휘감고, 상대의 등에 체중을 싣고, 왼쪽 팔꿈치를 등에 두고, 오른손으로 상대의 오른발 발목을 위에서 잡는다.

● 거는 방법
② 공격자는 잡은 상대의 오른발 발목을 자신 쪽으로 끌어붙인다. 공격자는 양손으로 왼발을 지탱하며 상대의 머리와 왼쪽 어깨가 매트에 닿을때까지 왼발을 당긴다.

그림 109 - ①②③④

③ 상대의 머리가 매트에 닿으면 공격자는 잡고있는 오른발을 들어올려 상대를 거꾸로 세운다.

④ 거꾸로 되어있는 상대를 가슴으로 눌러 폴한다.

● 방어

① 공격자가 완전한 폴에 성공했으면, 방어자는 허리를 비틀어 오른쪽 넓적다리 부분으로 앉고, 오른쪽 팔꿈치를 매트에 대어 상대의 들어올리기를 막는다.

● 반격 (발 잡아 젖히기)

공격자가 발 잡아 홀드를 하며 공격하고 있는 것을 오른손으로 상대의 발을 꺾고, 왼발을 위에서 잡아 덮어씌워 폴하는 기술이다.

② 반격자는 공격자에게 오른발을 들어 올리자마자, 자신은 양손으로 매트에 단단히 대고 버텨, 상대의 자세를 무너뜨리고 오른손으로 상대가 지탱하고 있는 왼발을 잡는다.

③ 반격자는 왼발을 급격하게 펴 상대의 오른발 위에 휘감고, 신체를 젖혀 상대 위에 덮어씌우고 목을 잡아 당겨올리며 폴한다.

그림110 - ①②③

② 발 휘감기

● 요점

상대의 한쪽발과 몸통을 잡아 들어올리고, 오른발로 상대의 먼 발을 휘

그림111 - ①②③④

④ 휘감은 오른발을 뒷쪽으로 꺾어
올리고, 상대의 배 위에 신체를
얹고, 잡고 있는 상대의 왼팔을
눌러 폴한다.

● 방어

감아 꺾고, 덮어씌워 젖히는 기술이
다.

● 처음 자세
① 공격자는 수비자의 왼쪽에서 오
른쪽 무릎을 붙여 왼발 발바닥을
세우고, 오른팔로 상대의 몸통을
위에서 잡고, 오른손으로 상대
의 왼발 발목을 잡는다.

● 거는 방법
② 공격자는 잡은 상대의 몸통과
왼발 발목을 올리면서, 힘있게
들어올린다.
③ 공격자는 오른발로 상대의 먼
오른발을 휘감으면서 상대와 함
께 매트에 쓰러진다.

그림112 - ①②

그림113 - ①②③④

●거는 방법

① 공격자는 잡은 상대의 몸통과 오른발 발목을 세워올리면서 힘 있게 들어올린다.

② 계속해서 공격자는 상대의 오른

① 방어자는 공격자에게 왼발을 들 어올려지자마자, 양손을 매트에 단단히 대고 버티고, 오른발을 상대의 오른쪽 무릎에 댄다.

② 급격하게 상대의 왼쪽 무릎을 오 른발로 차고, 앞으로 내찔러 상 대가 잡고 있는 것을 푼다.

③ 잡아올려 젖히기

●요점

상대의 오른발과 옆구리 아래를 위 에서 잡아 높이 올리고, 뒷쪽으로 쓰 러뜨리면서 상대를 거꾸로 젖히는 기 술이다.

●처음 자세

앞의 항의 발 휘감기와 마찬가지로 실시한다.

그림114 - ①②

그림 115 - ①②③④⑤

쪽 넓적다리와 오른쪽 옆구리 아래를 위에서 양손으로 잡고 높이 끌어올린다.

③ 끌어올린 다음 신체를 젖히면서 공중에서 상대를 거꾸로 젖힌다.

④ 상대와 함께 매트에 쓰러진다. 상대를 거꾸로 세워 눌러 폴한다.

● 방어

① 방어자는 공격자에게 왼발을 들어올리자마자, 양손을 매트에 단단히 대고 버티면서 왼발을 공격자의 오른발에 밖쪽에서 건다.

● 반격 (발 꺾어 젖히기)

상대가 끌어올려 젖혀 홀드로 공격해 들어올 때 오른손으로, 상대의 왼발을 잡고, 왼발로 상대의 오른발을 동시에 썪어 젖히는 기술이다.

② 방어를 적용하여, 반격자는 상대가 지탱하고 있는 왼발의 뒤꿈치를 잡고, 이 동작과 동시에 걸고있는 오른발을 뒤로 꺾어 상대를 위로 향하여 눕도록 젖힌다. 이어서 상대의 오른발 발목을 잡고 당겨올려 폴로 이끌어간다.

④ 엉클 · 홀드

● 요점

상대의 양발 발목을 옆구리 아래에서 자물쇠로 잡아 들어올리고, 비틀어 젖히는 기술이다.

● 처음 자세

① 공격자는 방어자의 왼쪽에서 왼쪽 무릎을 매트에 붙이고 오른발 발바닥으로 서고, 오른팔로 오른발 발목을 위에서 잡고 왼팔로 상대의 몸통을 잡는다.

● 거는 방법

② 공격자는 잡은 왼발 발목을 들어올리고, 더욱 자신쪽으로 끌어당겨 붙인다. 그리고 상대를 기는 자세가 되도록 한다.

③ 당겨붙였으면 상대의 오른발 발목을 자신의 오른쪽 팔의 옆구리 아래에서 잡는다. 오른발 발목을 잡았으면 다른쪽 왼발 발목과 교차시켜 잡는다.

④ 상대의 양발 발목을 양팔로 껴안아 올려, 상대를 거꾸로 서도록 한다.

⑤ 양발 발목을 잡아 상대를 눌러 폴한다.

그림116 - ①②

● 방어

방어자는 공격자에게 오른발목을 잡혀 들어올리자마자 자신은 양손을 매트에 단단히 대고 비틀어, 오른쪽 넓적다리 부분으로 앉는다.

● 반격 (뛰어차기)

상대에게 양발 발목을 잡혔으면 양발을 구부려 뛰어 상대를 뒷쪽으로 젖히는 기술이다.

① 반격자는 공격자에게 양발 발목을 잡히자마자, 자신은 양손으로 매트에 단단히 붙고, 양발을 구부린다.

② 공격자가 양발을 들어올리는 순간에 힘있게 양발을 차고, 상대의 양발 발목 잡힌 것을 풀고 상대를 뒷쪽으로 쓰러뜨린다.

제4장
응용(応用)

1. 연속 변화기술

① 넓적다리 사용하기

● 요점

상대의 왼쪽에서 왼발을 왼쪽 넓적
다리에 넣어 상대의 왼발에 감아, 신
체를 젖혀 옆쪽으로 밀어 상대를 옆
으로 회전시켜 위를 향하여 눕도록
젖혀 누르는 기술이다.

● 처음 자세

① 공격자는 방어자의 왼쪽에서 왼
　발을 상대의 안쪽 넓적다리부터
　넣어 왼발에 감고, 오른발 발바
　닥으로 서고, 오른손으로 오른
　발 발목을 잡는다.

● 거는 방법

② 공격자는 힘있는 동작으로 오른
　발을 매트에 단단히 대고 버틴

다. 이 동작과 동시에 신체를 젖히고, 앞(옆쪽)으로 밀어 상대를 무너뜨린다.

③ 공격자는 더욱 신체를 젖히고, 휘감고 있는 왼발을 차 올리고, 자신의 오른쪽 무릎에 왼발(발등)을 대고 자물쇠로 잡는다.

④ 공격자는 왼팔로 상대의 이마를 자신의 가슴 부근으로 당기고, 상대를 위를 향하여 눕도록 젖히고 상대의 신체 위에 덮어씌워 전 체중을 얹어 폴한다.

그림117 - ①②③④

● 방어

① 방어자는 공격자가 왼발을 자신의 왼발에 감아오면, 양손을 매트에 대고 단단히 버티면서 급격하게 왼발을 뒷쪽으로 공중에서 펴면 상대의 발에서 풀리게 되는데, 이때 그라운드의 준비 자세로 되돌아 간다.

● 반격

상대의 넓적다리 사용으로 왼발을 휘감기어 앞(측면)으로 가는 순간, 왼손 손목을 오른손으로 잡고 왼손으로 상대의 넓적다리를 밖에서부터 감아 젖히는 기술이다.

② 상대가 넓적다리 사용하기 기술로 왼발을 휘감아 앞(측면)으로 가는 순간, 오른손으로 상대의 왼손 손목을 잡고 왼손으로 상대의 왼쪽 넓적다리를 밖쪽에서

그림118 - ①②③

그림119 - ① ② ③

대어간다.

③ 반격자는 양손으로 힘을 주어 상대와 함께 왼쪽으로 회전한다. 더욱 상대의 오른팔을 양손으로 당겨 상대를 덮어씌워 폴한다.

② 빗장 젖히기

● 요점

상대의 등 뒤에서 왼발을 넓적다리에 넣어 상대의 왼발에 감고, 상대에게 체중을 얹으면서 오른팔을 왼손으로 빗장을 채우듯이 잡아 당겨올리고 젖혀 누르는 기술이다.

● 처음 자세

① 공격자는 수비자의 왼쪽에서 왼발을 상대의 안쪽 넓적다리에서부터 넣어 왼발에 휘감고, 오른발 발바닥으로 서고, 왼손으로 상대의 오른팔을 아래에서 잡는다.

● 거는 방법

② 공격자는 방어자의 오른팔을 양손으로 잡고 윗쪽으로 당겨올린다. 이 때, 자신의 신체를 젖혀 상대의 왼쪽 어깨를 매트에 붙여 쓰러뜨린다.

③ 공격자는 상대를 위를 향하여 눕도록 하기 위해서는 자신이 잡고있는 오른팔을 매트 방향으로 당겨 내려 젖히고, 상대의 오른팔과 몸통을 위에서 잡아, 강하게 눌러 폴한다.

●방어

① 방어자는 공격자가 오른팔을 잡은 순간, 양손으로 매트에 단단히 대고 버티고 그라운드의 준비자세를 무너뜨리지 말고 오른팔을 앞(측면)으로 올려 오른팔을 상대에게 잡히지 않도록 한다.

●반격 (감아넣어 젖히기)

상대가 왼발을 감아 오른팔을 빗장으로 잡는 순간, 반대로 오른팔로 상대의 왼팔을 옆구리 아래에서 잡아, 감아 젖혀 누르는 기술이다.

② 반격자는 오른쪽 팔로 상대의 왼팔을 반대로 잡고, 잡혀있는 왼발을 뒷쪽으로 공중에서 펴고 상대의 왼발을 푼다.

③ 반격자는 오른팔을 강하게 조이고, 왼발을 차올려 상대와 함께 회전한다.

그림120 - ① ② ③ ④

④ 상대의 왼팔을 양손으로 잡고, 상대에게 신체를 맡겨 폴한다.

그림121 - ①②③④

③ 호디 · 프레스에서 하프 · 넬슨

● 요점

상대를 기는 자세가 되도록 하여 말 타기를 하여 양발로 상대의 신체를 눌러 무너뜨리고, 오른손으로 상대의 옆구리 아래에서 목을 걸어 젖혀 누르는 것이다.

● 처음 자세

① 공격자는 방어자의 왼쪽에서 '왼발을 상대의 안쪽 넓적다리에서부터 넣어 왼발에 휘감고, 말타기가 되어 오른발을 상대의 넓적다리에 넣는다.

● 거는 방법

② 공격자는 힘있는 동작으로 신체를 젖히면서 양발을 뒷쪽으로 올린다. 이 동작과 동시에 오른손으로 상대의 오른쪽 옆구리 아래에서부터 잡아, 엎드린 자세를 무너뜨린다.

③ 공격자는 더욱 신체를 젖히면서 상대의 옆구리 아래에서 오른팔을 찔러넣어 오른쪽 손바닥을 상대의 뒷머리 부분에 대고 누른다.

④ 상대의 목과 오른팔을 감아붙여 젖힌다. 이 동작과 동시에 공격자는 상대가 휘감고 있는 양발을 풀고, 상대를 위를 향하여 눕도록 한다. 상대의 위에 타, 양발을 밖쪽에서 감고, 오른팔을 위쪽으로 올려 폴한다.

●방어

① 방어자는 공격자가 왼발을 자신의 왼발에 감아, 더욱 양발을 안쪽 넓적다리에 걸려는 순간, 재빨리 움직여 허리를 왼쪽으로 비틀고, 넓적다리 부분으로 앉아, 상대를 엉덩이에서부터 매트로 떨어뜨린다.

●반격 (발 잡아 젖히기)

상대가 말 타기로 누르는 순간, 왼쪽 허리를 비틀어 상대를 매트에 떨어뜨리고, 이어 왼발 발목을 올려, 젖혀 누르는 기술이다.

② 방어를 적용하여, 반격자는 오른손으로 상대의 왼발 발목을 잡아 당겨올린다.

③ 반격자는 상대의 넓적다리 사이에서 허리를 비틀어 젖혀 상대를 젖힌다. 폴하기 위해서는, 반격자는 신체를 젖혀 잡은 오른발 발목을 당겨 올려 폴한다.

그림122 - ①②③

제 3 편

정리 (整理)

제1장
연습 계획

바른 트레이닝 계획은 트레이닝 효과를 올리기 위하여 가장 중요하다. 지도 없이 연습이 있을 수 없는 것과 마찬가지로, 계획 없이 연습은 빨리 효과를 볼 수 없다. 일년간에 걸쳐 연습 내용을 배분하여 실시하는 것이 필요하다.

년간 계획을 세우는데 있어서는 시합의 일정 및 연습장, 기후 등을 고려하여, 각 경기자나 팀 연습이 합리적으로 실시될 수 있도록 연습 계획을 세우는 것이 바람직하다.

여기에서 연습 계획을 크게 나누어 보면 다음과 같다.

1. 기초 연습 기간
2. 마무리 연습 기간
3. 시합기 연습 기간
4. 정비 연습 기간
5. 주간 연습 기간
6. 일일 연습 기간

1. 기초 연습기간

이 기간은 소위 동계 연습이 실시되며, 다가올 시합 시즌의 성적을 좌우하는 중요한 시기이다. 이 시기의 연습은 기술 연습 보다도, 체력

향상에 중점을 두고 실시된다. 이 경우, 기후,그라운드의 상태나 이용
가능한 자연환경, 체육관이나 운동 기구 등의 여러조건에 따라, 또, 경
기자의 발육 단계나 능력 등을 고려하여 특별한 연구를 다할 필요가 있
다.

A. 전기 연습

기초 연습 기간의 전기에는 체력의 전면적인 향상에 주안을 두고 계
획을 세운다.

이 시기에는 경기자는 야외에서 도로를 달리고, 구기 트레이닝을 하
고, 좁은 장소에서 실시할 수 있는 사킷트 · 트레이닝이나 웨이트 · 트레
이닝 등이 중요 일부가 될 것이다. 그 외 여러가지의 보조 운동을 널리
받아들여 실시하고, 환경에 따라 다른 스포츠를 적당하게 실시하는 것
도 바람직하다. 자신의 체력의 단점을 잘 알아 이 시기에 충분하게 강
화시키는 것이 중요하다.

B. 후기 연습

기초 연습 기간의 후기에는 전문 종목에 필요한 체력의 양성 연습
에 중점을 두는 계획을 세운다.

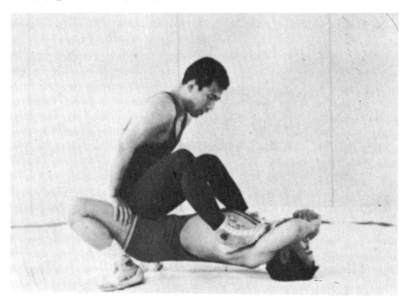

예를들면, 프리·스타일의 기초가 되는 전후좌우 후트웤이나 각 종 브릿지 운동을 실시하고, 레슬링에 필요한 폐 기능과 근력을 양성하는 것이 좋다. 중량급에 있어서는 웨이트·트레이닝을 하여 체력을 향상시키는 것도 좋다.

그러나 이 시기에는 기술의 연습을 게을리 하지 않는 것이 필요하다.

일 일 연습의 3분의 1은 매트에 올라가서 기술을 향상시키기 위한 보조 운동을 여러가지 연구해야 한다.

이 시기에는 기초적인 좋은 움직임을 몸에 익히거나, 자신의 단점을 교정하도록 마음 먹는 것이 좋다. 이 외, 누워 메치는 기술, 서서 쓰러뜨리는 기술을 나누어 실전 연습을 하는데, 이 때, 지구력을 높이기 위하여 시합 시간을 보다 길게 하거나, 스피드와 순발력을 높이기 위하여 실전 연습을 단축하여 인터벌·트레이닝법을 사용하는 것도 중요하다.

2. 마무리 연습기간

마무리 연습 기간은 기초 연습 기간후 약 1개월 반 정도 실시한다. 이 시기에는 매트의 실전 연습을 많이 실시한다.

기초 연습 기간에 양성한 기초 체력 위에, 레슬링의 특수한 체력 양성과 기술의 폼을 터득하도록 연습한다. 그 외, 레슬링의 특수한 체력을 단단히 해두는 것이 중요하다.

실전 연습에 있어서는 스피드 있는 움직임을 실시하는 연습에 중점을 둔다. 그러나, 이 시기에 있어서도 보강 운동이나 전문외의 종목 등에 의하여 체력의 전면적인 향상을 기하는 것을 잊지 말도록 한다.

이 시기에는 시합이 연습의 일부가 되는 것이 바람직하다. 시합이 없는 주는 클럽 내의 연습 시합을 계획하는 것도 현명하다. 이와같은 시합을 통하여 시합에 대한 느낌이 좋아지며, 기술은 확실함을 더해가고, 체력도 잘 보강된다.

자신의 장점, 단점도 확실하게 자각할 수 있기 때문에 연습상 겨냥할 수 있는 것이 확실해 진다. 그리고 시합에도 익숙해져 긴장하는 일도 없어지며, 계속되는 큰 시합에서 확실하게 자신의 힘을 발휘할 수 있게 된다.

3. 시합기의 연습기간

시합 기간은 우리 나라에서는 5월 하순에서 11월 상순까지 약 6개월 간이다.

이 기간의 연습 목적은, 마무리 기간에 양성한 레슬링의 특수한 체력을 완성시키고, 좋은 기술의 폼을 유지시키고, 시합을 위한 신체의 컨디션을 정비하는 것이다.

이 시기에는, 경기자는 몇회나 경기에 참가한다. 그리고 연습이나 시합을 통하여 나쁜 점을 교정해 가는데, 기초 기간이나 마무리 기간 만큼 격렬한 연습은 실시하지 않는다. 너무 격렬한 연습을 실시하면, 신체의 여러 기관의 능력이 저하하여 좋은 신체 조정을 할 수 없게 된다. 시합기에는, 경기자는 그날 피로를 풀고, 휴양하여 다음날의 연습을 적극적으로 실시할 수 있도록 한다.

이 기간에는, 경기자는 기초 체력을 양성하기 위한 보강 운동은 극히 간단하게 실시한다. 피로하지 않을 정도의 런닝이나 줄넘기나 후트웤의 연습을 하는 것도 좋다. 볼·게임은 이 기간에는 중요시하지 않

아도 좋다. 시합이 없는 토요일에는 가능한 한 클럽 내에서 연습 시합을 실시하여 시합에 익숙해지도록 한다.

여름에는 원칙적으로 시원한 시간을 선택하여 연습하는 것이 좋은데, 여름에 시합이 있는 경기자는 더위에도 익숙해져야 하기 때문에 더운 시간을 겨냥하여 연습하는 날을 계획에 넣는 것도 중요하다. 또 시합 시간과 일치시켜 연습하고, 비슷한 상태를 만드는 연구를 하는 것도 필요하다.

특히, 이 시기에는 연습은 단시간에, 내용은 스피드하게 실시하는 것이 좋다.

그런데 경험이 적은 경기자일수록 불안을 느끼므로 실전 연습을 많이 시키고, 연습 시간을 늘리는 경향이 있는데, 그것은 심신의 긴장을 없애 신체의 컨디션이 나빠질 뿐으로, 이제까지의 노력이 수포로 돌아가 버릴 위험이 있다.

컨디션 조정에서 연습법과 함께 중요한 것은 정신 생활이다. 특히 시합 전 날에는 신경의 움직임이 예민해지므로, 항상 정서의 안정을 유지할 수 있도록 마음을 가져야 하며, 예를들면, 독서, 영화, 산책 등의 취미를 살리는 것도 한 가지 방법이다.

4. 정비 연습기간

시합의 모든 계획이 종료됐으면, 경기자는 갑자기 연습을 중지하는 경우가 많은데, 이것은 바람직하지 않다. 합리적인 연습에 의해 완성된 체력을 갑자기 떨어뜨리는 것은 경기자의 신체 기능에 나쁜 영향을 미친다. 신체적인 힘은 점차 떨어뜨려 가다가 어느 최초 한도에 달하도록 해야 한다. 그러나, 이것은 연습을 완전히 중지하라는 의미가 아니다. 이 정비 연습 기간에는 경기자가 다른 스포츠를 실시하여 체력을 전면적으로 발전시켜, 경기자 자신이 가지고 있는 체력을 떨어뜨리지 않도록 하고, 건강과 체력을 증진시키는 것이 바람직하다.

이 기간에는 시합이나 연습에서의 긴장에서 해방되어, 느긋하게 다른 스포츠 종목을 실시하는 것이 좋다. 또 이 시기에도 웨이트·트레이닝을 적당하게 실시하여 체력의 양성을 기하는 것도 필요하다.

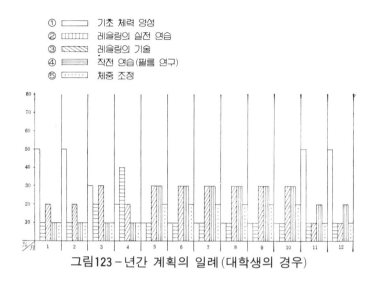

① ▢ 기초 체력 양성
② ▥ 레슬링의 실전 연습
③ ▨ 레슬링의 기술
④ ▤ 작전 연습(필름 연구)
⑤ ⬚ 체중 조정

그림123 – 년간 계획의 일례(대학생의 경우)

5. 주간 연습 계획

주의 연습 계획을 세우는 경우에 고려해야 할 것에 대해서 생각해 보자. 여기에는 2가지 연습 방법이 있다. 하나는, 주 전체를 강한 연습으로 실시하는 것과, 또 하나는, 강한 연습과 다소 약한 연습과 강약을 붙여 실시하는 경우이다.

그러나, 이들의 문제에 대해서는 일치된 견해도 없고, 아직 어느것이 좋은가 판단 할 수 있는 자료도 없는데, 우리 나라의 단련된 경기자 중에는, 강약의 파도를 다소 붙여 실시하는 방법을 사용하는 사람이 많다.

이 강약의 파도도 좀더 장기를 단위로 하여 설계할 것인가 어떤가는 결론이 나와있지 않다. 어떤 경기자는 매월 같은 강도의 연습을 계속하고, 피로가 현저하게 나타나는 곳에서 연습을 쉬고 있다. 또 하루 걸러 강한 연습을 실시하고 있는 경기자도 있고, 2일 걸려 다소 강한 연습을 하고 있는 경기자도 있다. 웨이트·트레이닝의 연습 등에서 상상하면, 일일 걸러 다소 강한 연습을 실시하는 것이 좋을 것이라 생각된다. 이어서 주간 계획 중에서 사용되고 있는 많은 연습 수단을, 주

중에 어떻게 배분할 것인가 하는 것이 문제인데, 이것은 기초 연습 기간에 있어서는 보조적인 운동이 많이 받아들여 사용되고 있고, 마무리 기간에는 스피드나 연속 변화 기술에 중점을 두는 실전 연습 방법을 실시하고 있는 것이다.

그러므로 1일 연습 내용은 달리하는 것이 당연할 것이다. 일반적으로 말하자면, 경험이 적은 경기자는 여러가지 연습 수단을 주 계획 중에 널리 받아들여 연습하는 것이 바람직하고, 또, 단련된 경기자는 각각 실전 연습을 적게 하여, 강한 상대를 선택하여 질적인 연습을 실시하는 것이 바람직하다. 개개인의 연습 수단에 대해서는, 계급에 따라 개인적 조건에 맞게 신중하게 연구해야 할 것이다.

6. 일일 연습 계획

특별한 합숙 기간 중을 제외하고는 조직적인 연습을 오전, 오후 2회로 나누어 실시할 여유는 보통 경기자에게는 없다. 대개 이 경우의 연습은 시합이 아직 없는 경우에 많이 실시된다.

합숙 기간 중이라해도 오전, 오후 2회로 나누어 격렬하게 연습하여 과로 상태에 빠지는 것은 바람직하지 않다고 생각한다.

오전의 연습은 오후의 연습을 후렛쉬한 기분으로 할 수 있을 정도로 해야 하며, 특히 경험이 적은 경기자는 이점을 유념해야 한다. 경기자의 일정으로써 실시할 수 있는 연습에는, 합숙 및 가정 등에서의 아

침 식사 전의 연습, 매트 위에 있어서의 오후 연습, 합숙, 가정 등에
서 실시하는 밤 연습이 있다. 이들 세가지는 시간, 장소 등에 개인 차
가 있지만, 마음 먹으면 누구라도 실시할 수 있는 것이다.

아침 식사 전의 단시간에 실시할 수 있는 연습은 조깅이나 런닝, 그
외 다른 보조 운동을 포함하는 충실한 것이 바람직하다.

이 연습에 있어서도 전문 종목에 필요한 능력과 함께 체력의 전면
적 향상에도 착안하여 계획을 세울 필요가 있다. 단, 연습의 전체 강
도는 연습 후 후렛쉬한 느낌으로 아침 식사를 할 수 있을 정도로 그치
는 것이 좋다.

또, 특별한 사정이 없는 한 하루의 주요 연습은 오후에 하는 것이
보통이다.

오후의 연습을 어떤 순서로 실시하면 좋은지 일반적인 원칙을 들기
는 곤란하지만, 몇가지 시사를 해 두겠다. 하나는 준비 운동 후 기술
의 폼을 연습하고, 실전 연습은 가장 몸의 상태가 좋아 진 때 실시한
다. 스피드의 양성을 주로 하는 연습은 연습 시간을 짧게 구분하여,

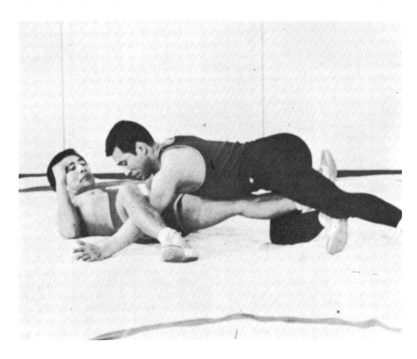

인터벌로 몇회 연속하여 실시한다. 이 경우, 피로가 현저하게 나타나기 전에 실시하면 좋다. 또, 지구력을 주로 하는 연습은 연습의 최후에 실시하고, 단련적인 보강 운동은 최후에 실시하는 것이 좋다.

밤의 연습은 오전(아침), 오후로 나누어 할 여유가 없는 경기자인 경우에 특히 중요하다. 이 경우에는, 저녁 식사 후 한시간 정도 지난 다음 자기 직전에 보강 운동을 실시할 필요가 있다. 목욕 후 잠시의 시간을 이용하여 실시하는 유연 체조를 일정에 넣는.것도 좋다.

하루에 여러가지 연습 방법이 있는 것이 바람직하지만, 앞에서도 서술했듯이 단련된 경기자에 한해서 라는 것을 강조하고 싶다.

●시합 전의 일일 연습 계획

시합 전의 연습 계획은 어떤 방법을 이용하여 연습을 실시하면 좋을까를 중심으로 생각해 보자.

일년 중의 시합 중에 중요한 시합과 그렇지 않은 시합이 있다. 작은 경기대회를 연습의 일부라고 생각하고, 시합 직전의 3일 정도의 연습을 통제하는 정도면 되지만, 중요한 대회가 가까웠을 때는 컨디션의

조정을 하기 위하여 적어도 시합전 2주일 정도는 특별한 고려를 해야
한다. 우리 나라의 경험 있는 경기자는 시합 2주일 전까지는 비교적
강한 연습을 하고, 그 이후는 점차 가벼운 방법을 사용하는 경우가 많
다. 또, 시합 전의 컨디션 조정을 명심한 연습 기간은, 일반적으로 피
로를 느끼지 않기 위하여 질이 좋은 연습을 단시간에 실시하는 것이
바람직하다. 좋은 상대를 선택하여 시합 형식으로 실시하는 것도 중
요하다.

　이 외 중요한 것은 휴식 날을 잡는 것이다. 특히 시합 전날에는 완
전히 쉴 수 있을 정도의 여유를 만드는 것이 중요하다.

　뭐니뭐니해도 시합 전의 상태를 좋게 하는 방법은 여러 개인 조건
등에 따라 달라지는 것이므로 평소부터 자신에게 적합한 방법을 익혀
두는 것이 필요하다.

제2장
부상 발생의 예방

레슬링 경기는 다른 스포츠 종목에 비하여 외상이 많은 것 같다. 부상의 이름을 들어보면, 특히 손가락을 삐는 경우, 지관절염좌 (指関節捻挫), 슬관절염좌(膝関節捻挫), 견관절탈구(肩関節脱臼)가 많다. 이들 외상을 일으키면 트레이닝을 쉬어야 한다.

즉, 외상을 입은 것에 의해 트레이닝의 효과를 저하시키는 것이다. 그 때문에 레슬링 선수는 트레이닝 중에 신체의 부상을 입지 않는 것이 중요하다.

트레이닝 중에 부상이 발생하는 경우는 적절한 응급 처치를 하는 것과 동시에 전문의에 의한 치료를 받아 일각이라도 빨리 고치도록 해야 한다.

1. 상해의 개설

스포츠 외상과 스포츠 장해, 이 두가지를 합하여 상해라고 한다.

외상과 장해와를 구별하고 있는데는 다음과 같은 이유에서이다. 즉 그 원인이 다른 것이다.

스포츠 외상이라는 것은 스포츠를 하고 있는 때 작용하는 이상한 외인(外因 : 주로 외력(外力))이 1회 내지 수회 가해진 때나, 가벼운 외인(外因)이 겹쳐 가해진 때 일어나는 신체의 생리적인 상태이다.

스포츠 장해란, 특별한 확실한 원인을 알 수 없는, 스포츠를 하고 있는 중에 언제인가 신체에 고장이 생긴 경우이다.

2. 상해 발생의 유인

레슬링의 상해 중 외상 등은 그 원인이 확실하다. 예를 들면, 테클에 들어갈 때에 무릎에 타박상을 일으키는 경우 등이다.

무릎 관절(関節)의 타박이라는 상해의 원인은 무릎을 매트에 강하게 대기때문이다.

무릎 관절(関節)타박을 일으키는 것은 그만한 조건이 갖추어져 있기 때문에 나타난 결과이다. 상해 발생의 유인을 들면 다음과 같다.

① 미숙련에 의한 것

기술이 미숙련된 사람이 상해를 일으킨다는 것이 가장 많은 경우이다. 스포츠 상해의 22%는 미숙이라는 조건 아래에서 발생하고 있다. 미숙한 경우, 자기의 능력과 기술을 과시하기 때문에 자신의 능력 이상의 것을 하는 경우에 상해가 일어나는 것이다.

이 경우에는, 초보자나 기술적으로 미숙한 사람에게는 부상당하지 않도록 지도하는 것이 중요하다.

② 연습 부족에 의한 것

연습 부족도 상해의 원인 중 주된 것으로, 시즌 전, 시즌 초기 경에 연습 부족인 경우와, 연습은 충분하지만 그날의 워밍업 부족인 경우가 있다.

시즌·오프 중의 체중 증가나 트레이닝을 장시간 쉬는 것에 의해 근력은 저하하고, 동작이 둔해지고, 위험한 외력(外力)을 피하는 것에 불가능 할 정도로 체중이 증가한 경우에 발생한다.

게다가, 근 자체의 혈행도 저하되어 있기 때문에 근육의 피로도 일으키기 쉽고, 동작도 원활하지 않게 된다.

트레이닝 부족도, 워밍·업 부족도 근육의 저항 작용이 원활하게 이루어지지 않는 것의 원인이 된다. 근육의 저항작용이 잘 되지않으면, 신체 운동은 잘 이루어지지 않으며, 어딘가에 무리가 생기게 되는 것이다.

③ 연습 과로에 의한 것

이것은 육체적 및 정신적 과로 상태에서 오는 상해의 원인을 말한다.

피로하면 동작도 둔해지고, 판단력도 떨어짐은 말할 필요도 없다.

예를 들면, 피로 때문에, 테클로 상대를 쓰러뜨릴 수 있는 때에 반대로 상대에게 체중을 얹거나 삐거나 하여, 상대의 연속 변화 기술에 당하게 되고, 스무스하게 쓰러질 수 없어, 쓰러지는 경우에는 다치는 일이 많아진다.

④ 정신 불안정에 의한 것

정신의 불안정은 과도의 긴장과 긴장이 풀린 상태, 2 가지로 나눌수 있다. 과도로 긴장한 경우, 일반적으로 말하는 들뜬 상태 라고 볼수 있다. 이 경우 일반적으로 동작이 부자연스러워지고 힘이 너무 들어가거나 굳어진다 라고 표현할 수 있는데, 이런 상태인 때도 외상과연결되기 쉽다.

이 반대인 긴장이 풀린 경우에도 상해를 입기 쉽다. 예를 들면 연습중에 대전할 상대와의 실력 차이가 너무나서, 할 기분이 들지않는 경우 등이다.

⑤ 신체의 상태가 나쁜 때

이 조건 아래서의 상해 발생은 비교적 적은 것같다. 상태가 나쁠때는 의식적으로 또는 무의식적으로 운동의 강도나 양을 제한하기 때문인데, 경험이 적은 경기자에게서 가끔 볼 수 있다. 예를 들면 부상

을 입어 완치되지 않았음에도 불구하고, 스파링을 실시하는 경우 등이
다.

⑥ 반칙 행위 및 난폭 행위

반칙 행위도 난폭 행위도 상대편은 예기하지 않은 행위를 하기   때
문에 재빨리 대응할 수 없다.

상대를 들어올려 무릎을 붙이지 않고 급격하게 매트에 떨어뜨린 경
우 뇌진탕을 일으킨다. 이와같이 반칙 행위를 행하여 일으키는 상해
가 많기 때문에, 경기자는 규칙을 엄중하게 지키는 것이 중요하다.

⑦ 심판 및 신호의 부적절

앞의 항의 반칙 및 난폭 행위를 하는 것에 의해, 생각하지 않은 상처
를 입는 경우가 있다.

시합 중에 경기자가 반칙을 범함에도 불구하고, 심판이 적절하게 주
의를 하지 않을 때에 일어난다.

⑧ 시설, 기구, 장비, 등의 결함

이들의 조건 하에서 일어나는 상해는 꼭 없도록 해야 한다.

연습 중, 매트에 움푹해 지는 곳이 생기는 경우가 많다. 거기에 발이 걸리거나 발을 비틀리거나 하여 염좌를 일으키는 경우가 많다.

매트 밖으로 갑자기 던져지는 경우에도 많이 볼 수 있다. 그 외에는, 조명이 어두워도 일어나므로 주의를 게을리 해서는 안된다.

⑨ 불가 항력 (不可抗力)

불가항력에 의해 일어나는 상해는 어쩔 수 없지만, 이것도 반드시 없었으면 하는 것이다.

이 중에서는 연습 중에 다른 조의 경기자에게 던져져 신체의 발목이나 무릎 관절을 부러뜨리는 상해를 일으키는 경우가 있다.

던지는 쪽은 사방을 보고 상대가 없는 곳에 던질 것. 또 격렬한 기술을 연습하고 있는 경기자에게는 접근하지 않도록 주의해야 한다

3. 상해의 종류와 치료법

① 염좌 (捻挫)

염좌란 외력 (外力)에 의해 관절이 정상의 운동 능력 이상으로 강하게 움직여졌기 때문에, 관절에 부착되어 있는 인대나 관절에 단열을 일으키는 것이다.

레슬링에서 많은 것은 족관절 (足関節), 슬관절 (膝関節), 팔꿈치 관절 (関節), 손목 관절 (関節), 손가락 관절 (関節) 등의 염좌이다.

● 치료

염좌에 의해 이들의 관절 (関節) 주위의 조직에 부상이 일어나면, 우선 작은 혈관이 단열되어 출혈을 가져온다. 이 결과 부종이 생긴다. 염좌라고 판단되면 국부의 냉각과 적당한 압박을 실시하도록 한다. 냉각에는 얼음 물을 사용하는 것이 제일 좋다. 크롤·에틸을 사용하는 것도 있다. 압박은 스폰지를 대고 그 위에 탄력 포대를 감는 것도 좋다. 염좌가 심할 때는 환부에 체중을 싣지 말고 안정하고, 높게해 둔다.

붓기가 가시면 우선 조정을 위하여 운동을 시작하고, 관절 (関節)을 움직이지 말고 근육을 수축시키거나 느슨하게 하는 훈련을 실시한다.

관절(関節)에 비틀기를 가하는 운동을 피하고, 굽혔다 폈다 하는 것으로 체중을 가하지 말고 실시하고, 서서히 근력을 증가시킴에 따라 가볍게 체중을 싣기 시작한다. 체중을 얹어도 아프지 않고, 관절(関節)의 움직임이 완전하게 가능한 상태가 된 다음 트레이닝을 개시한다.

트레이닝은 가벼운 조깅에서부터 시작하여, 서서히 운동량을 증가시켜 간다. 이 사이 반창고, 탄력 포대, 사포타는 반드시 붙여 두어, 재발 방지에 도움을 받는다.

② 탈구 (脱臼)

염좌의 경우는 관절(関節)의 전위가 없지만 탈구의 경우는 이 전위가 있다. 탄력이 없는 관절이 파열해 버리는 것이다. 레슬링에서 일어나는 탈구는 어깨 관절(関節) 탈구, 팔꿈치 관절(関節) 탈구, 무릎 관절(関節) 탈구 및 지관절(指関節) 탈구 등이다.

● 치료

응급 처치로써, 어긋난 관절두(関節頭)를 본래로 되돌려 넣고, 환부에 냉각과 적당한 압박을 실시하는 것이다. 압박은 염좌와 마찬가지로 실시하는 것이 좋다. 팔꿈치 관절(関節) 탈구의 경우에는 팔꿈치를 구부려 부목을 대고 포대를 감아 손을 매달아 안정시켜 둔다.

붓기가 가라앉으면 조근(調筋) 운동을 시작한다. 이 경우도 염좌와 마찬가지로 실시하면 좋다.

③ 요통(腰痛)

허리 근육 통증은 인대의 부상이 원인이다. 무거운 물건을 들어올릴 때나 급하게 신체를 비틀 때 등의 동작이 유인이라고 생각된다. 통증을 일으키기 이전에 허리에 피로가 가해지기 때문이기도 하며, 차거나, 준비 운동 부족에 기인하는 경우가 많다. 통증은 주로 허리에 국한되어 있다.

하지에 방산하는 신경통의 증상이 동반되며, 특히 신체의 앞 구부리기 때에 통증이 강하게 느껴지는 경우가 많다.

● 치료

초기에는 안정시켜 둔다. 진통제의 복용, 국소 습포, 고정, 맛사지 등의 치료법이 있다.

이어서 통증이 가시면 조금씩 허리를 사용하는 유연운동을 실시하고, 적극적 운동이나 양을 증가하는 연습으로 옮겨가는 것이 좋다.

④ 이개혈종 (耳介血腫)

귀를 타박한 때에 이개에 피가 고이는 것이다. 피하에 출혈을 가져오고, 붓는 증상이 생기는 것이다. 그 혈액을 흡수시키던가, 적극적으로 제거하는 것이 좋다. 방치해 두면 이개 변형이 생긴다.

● 치료

혈액을 흡수시키기 위하여 온습포와 냉습포를 번갈아 실시한다.

○흡수를 촉진시키는 내복액도 시판되고 있다.

○주사기에 의한 배출 방법을 사용해도 좋다.

⑤ 경련 (痙攣)

레슬링의 경우 장딴지에 경련이 일어나기 쉽다. 이것은 과로 때문에 일어나는 것이다.

● 치료

무릎을 펴고, 발끝을 들어 강하게 구부리고, 장딴지를 당겨 펴면 경련은 소실된다.

이어서 맛사지를 하여 푸는 것도 좋다.

⑥ 골절 (骨折)

골절이란 외력(外力)에 의하여 뼈의 조직의 결합이 끊어지는 상태이다. 레슬링에서 일어나는 주된 골절은 아래 넓적다리 골절, 쇄골 골절, 손가락 골절 등이 있다.

● 치료

처치는 쓰러져있는 장소에서 즉각 부목을 대는 것이다. 상처를 입은 그 장소에서 환자를 움직이기 전에 적당한 부목을 대어 골절한 국소를 고정하는 것이 우선 중요하다.

운반에는 충분히 주의를 기울여야 한다. 이것은 골절이 어긋난 것이 심해지거나, 신경, 혈관 그 외의 조직을 다치기 때문이다.

⑦ 뇌진탕 (腦震盪)

던지는 기술에 의하여 강하게 던져지는 경우, 머리를 매트에 치는 경우가 상당히 많다. 그 때, 머리에 일시적으로 혈행 장해가 일어나거나 뇌 세포 사이의 연결이 일시적으로 끊어지거나 하기 때문에 의식 소실 등의 병적 증상을 일으킨다고 생각된다. 가벼운 증상으로써는 머

리 부분을 치는 순간, 눈에서 불이 나오는 듯한 광각, 이명, 어지러움 증을 느끼고, 조금 중증인 경우는 실신에 이르른다. 이 경우는 안면이 창백해지고, 맥박이 최소 빈도가 된다. 호흡도 일시 멈추는 경우도 있다. 실신은 2～3분 정도인 경우도, 20～30분 정도인 때도 있다. 단순한 뇌진탕으로 죽는 사람은 적지만, 다른 부상이 동반되면 생명이 위험해진다.

● 치료

안정시켜 두는 것, 친 부분 및 이마를 냉각시키고, 정상으로 돌아올 때까지 계속할 것, 중증인 경우는 의사의 지시에 따를 것.

⑧ 피부병 (皮膚病)

피부병은 부상은 아니지만, 레슬링의 경우 피부병이 많다. 이 유인을 들면 병원균을 갖고 있는 사람과 접촉하거나, 의복의 불결 때문에 일어나는 경우가 많다.

● 치료

신체를 항상 청결하게 하고, 전문 의사의 지시에 따를 것.

4. 부상의 예방

스포츠를 실시하면 어느 정도의 부상은 피할 수 없을지도 모르지만, 그 중에는 예방에 충분히 주의를 기울이면 피할 수 있는 것도 많다. 한 번 부상을 입으면 적절한 처치에 따라 하루라도 빨리 완전하게 회복시키는 것이 필요하다.

그것보다도 더욱 중요한 것은 상해를 입지 않는 것이다.

5. 예방을 위한 용구

레슬링의 유니폼, 신발, 그 외 이개 혈종을 일으키지 않기 위한 해드·기어, 무릎, 어깨 관절(関節)의 예방에 무릎대기, 어깨 대기, 타이즈를 착용하고 연습하면 좋다.

상해의 예방과 재발의 방지로 사포타, 반창고 및 포대를 손, 무릎, 팔꿈치, 발등의 각 관절(関節)에 대는 것도 좋다. 또 레슬링에서는 손가락 관절의 염좌나 골절을 일으키기 쉽기 때문에 연습 때는 손가락을 2개 모아, 포대를 감아 방지한다.

국제 레슬링 규칙 (발췌)

(국제 레슬링 연맹 및 레슬링 협회 발행에 의함)

그레코 · 로망 및 프리 · 스타일

제 1 조

본 국제 레슬링 규칙 기재의 의의는 올림픽 경기 대회, 세계 선수권, 대륙 선수권, 국제 및 지역 대회 및 모든 국제 경기 대회에 적용되는 것이다.

국제 규칙의 이들 정의는 또 I · A · W · F 가맹 단체인 국내 연맹에 의해 조직된 모든 경기에도 적용되어야 한다.

제 3 조

한 경기 대회의 제 1일에는 계량은 최초의 4시간 전에 시작하여 3시간 전에 끝내야 한다. 다음 날부터는 최초의 시합 2시간 전에 시작하여 1시간 전에 끝내야 한다.

경기자의 수가 150명 보다 많은 경기 대회인 경우는 국제 기술 위원회는 계량, 추첨 및 조짜기 시간을 변경할 수 있다.

프로그램이 수일에 걸쳐 진행되는 경기 대회인 경우는 경기자는 매일 계량해야 한다.

경기 대회 종료일 전에 그 시합을 끝낸 선수는 마지막 날에는 계량하지 않는다. 이것은 모든 중량 계급에 적용된다.

경기자는 전부 벗고 계량하며, 계량 전 의사에 의해 검사를 받아야 한다 (의사 중 1명은 주최국 임명자일 것). 의사는 전염병의 위험이 있는 모든 사람을 거부해야 한다. 경기자는 만족할만한 신체 상태가 되어야 한다.

선수의 손톱은 항상 짧게 깎아져 있어야 하며, 계량의 때 검사해야 한다.

계량의 종료까지 선수는 희망하는 만큼 몇 번이라도 체중계에 올라갈 수가 있다. 단, 각자 그 순번을 가지고 올라갈 것.

의사 (医事)

제 8 조

경기자가 계량 중, 의사는 검진을 실시한다. 만일 의사에 의해 경기자가 건강 상태가 아니라는 것이 발견되는 때는 그 경기자는 경기에 출장할 허락을 받을 수 없다.

기질적인 결함, 기능적 부조인 징후 또는 자신 혹은 그 상대의 선수가 건강에 위험을 가져오는 징후를 나타내는 경기자는 누구라 하더라도, 의사가 의견을 표명할 때까지 경기애 참가할 수 없다.

경기의 전 기간을 통하여 의사 관리하의 의료 시설이 준비되고, 사고 때 이내 행동해야 한다.

경기의 주최국은 모든면에 걸쳐 의사 및 의무원의 관리를 해야한다.

참가 팀의 의사는 그 팀의 부상자에게 처치할 치료에 관하여, 모든 권한을 가지고 관여하는 것을 허락받아야 한다. 또, 공식 의사의 요청에 의한 다른 경우도 마찬가지이다.

국제 경기 대회에 있어서 공여되는 의사는, 공식 의사에 의해 확보되며, 동의사만이 경기자가 좋은 건강 상태에 있어 시합을 계속해도 좋은가. 그 기능적 제한이 참가 장해가 되는가 어떤가, 또 부상 때 시합을 계속해도 좋은가 어떤가를 결정하는 자격이 있다.

시합 중의 경기자는 어떠한 경우에도 단 위를 벗어날 수 없다.

의사의 치료 중인 트레이너 및 그 팀의 임원 1명 만이 같이 할 수 있다.

의사의 의견에 관하여 분쟁이 일어나는 경우는, 주임 의사 또는 그와 같은 의사단이 구성되어져 있을 때는 2 3명의 의사단에 의해 최종적 결단이 내려진다.

이 경우에는 관계 선수의 팀 의사를 의사단에 넣어야 한다.

한 경기자가 다음 시합에 부적하다고 인정될 때는, 이 결의는 주임 의

사 또는 3명의 의사단이, 그 부상한 선수 소속국의 의사와 협의한 다음 인정한 것이 아니면 유효화 되지 않으며, 소속국의 의사가 우선한다. 사고에 관한 보고를 작성하고, 주임 의사 또는 의사단이 이것에 서명한다.

레프리, 쟛지

제 9 조
기술 위원회의 규칙 및 경기 대회 조직에 관한 규칙에 따라 그 직무를 수행하는 사람이다.

제 10조
모든 국제 경기에 있어서, 각 시합의 임원은 매트·체어맨 1명, 레프리 1명, 쟛지 1명으로 구성되어 있다.

한 시합 중에 쟛지 및 레프리, 체어맨의 맴버를 변경하는 것은 금지되어 있다.

모든 불공평을 피하기 위하여 레프리는 동일 시합에 있어서 동일 국적의 심판을 두지 않는다.

레프리는 그 시합의 진전에 대한 책임을 가지며, 규칙에 따라 관리하는 사람이다. 시합은 그가 호루라기를 부는 것에 의하여 개시, 중지 및 종료된다. 레프리 1명만이 쟛지와 협의한 뒤에 경고를 줄 수 있다. 그 한명만이 선수가 매트를 떠난 때에 돌아오도록 명령하고, 또는, 각 상대가 상위 또는 하위의 포지션으로 스탠드 또는 그라운드 포지션으로 시합 계속을 명령하는 것이다. 이 경우 쟛지의 승인을 얻어 실시한다.

레프리 및 쟛지는 백색 의복을 입고, 그 나라의 뱃지를 달아야 한다.

쟛지 및 레프리는 국제 레슬링 경기 규칙에 규정되어 있는 모든 직책, 권한 및 책임을 이 부록에 기재되어 있는 해석, 기술 위원회의 규칙 및 경기 대회 개최에 대한 규칙에 의해 담임해야 한다.

시합이 시작하여 끝날 때까지 주의하여 지켜보고, 그 행동을 용지 위에 나타낸 결과가 그 전반의 인상을 정확하게 반영하도록 심판하는 것은 레프리 및 쟛지의 직무이다.

쟛지의 직책, 권한 및 직무는 다음과 같다.

●일반직무, 권한 및 책무

a) 시합이 폴로 끝나지 않은 때는 판정은 쟛지에 의해 내려지며, 쟛
지는 각자 모든 행동의 총합적 지식을 기초로 해야 한다. 이 목
적 때문에 시합의 처음부터 끝까지 모든 동작에 관한 노트를 쟛
지·페이퍼 위에 해 두어야 한다.

b) 쟛지·페이퍼는 양자에 의한 모든 홀드에 대한 점수 수여에 사
용하는 것이다. 점수는 시합 각 단계에 상당하는 부분에 기입해
두어야 한다.

　이들 노트는 정확하게 기입해야 한다. 쟛지 페이퍼는 서명한 쟛
지의 책임에 있어서 그 경우 공식 기록으로 인정된다.

c) 레프리하는 것 및 쟛지하는 것에 관한 모든 직책, 권한 및 책무
를 담당하며, 국제 규칙 및 본 규칙 부록에 규정된 점을 수여하고,
벌칙을 과한다.

　쟛지에 의해 주어지는 모든 점수는 지시판 또는 발광판에 의해
관중에게 알려야 한다.

●특별직무, 권한 및 책무

a) 레프리는 시기에 적합하지 않은 간섭을 하는 일 없이 시합을 관
리해야 한다. 경기자가 매트 끝에 가까운 때는 규칙에 따라 호
루라기를 불 준비를 해야 한다.

b) 레프리는 마침 필요한 때에 시합에 간섭해야 한다. 즉 너무 자주, 너무 느리게 간섭해서는 안된다.

c) 레프리는 경기자를 매트 안쪽으로 이동시킬 것인가 말 것인가를 결정하는 원칙에 익숙해야 한다.

d) 레프리는 경기자가 서있는 때, 그 가까이에 위치해서는 안된다. 이것은 그 다리를 볼 수 없기 때문이다. 그러나, 그라운드·레슬링이 실시되고 있을 때에는 경기자 가까이 위치해도 좋다.

e) 매트의 중앙에 경기자를 돌아오도록 할 때 레프리는 주저없이 시합을 재개하는 포지션에 관하여 지시를 해야한다. 즉 스탠드·레슬링을 실시하거나 또는 그라운드·레슬링을 실시하던가.

f) 폴에 들어갈 것 같은 때는 레프리는 경기자에게 너무 가까이 가지 않은 위치에 있어야 한다. 이것은, 쟛지 및 관중의 시야를 방해하지 않기 위해서이다.

g) 레프리는 경기자에게 존중받아야 하며, 그들에게 대하여 충분하게 권리를 행사하고, 그들의 명령 및 지시에 이내 복종하도록

해야 한다.

h) 레프리는 경기자가 시합 중 손을 닦거나, 코를 풀거나, 신발 끈을 묶거나, 또는 부상한 척하여 그것을 구실로 휴식하려는 것을 하지 않도록 해야 한다.

i) 이와같은 경우에는 레프리는 시합을 중지시키고, 계시원에게 신호를 해야한다. 시합은 레프리의 호루라기를 부는 것에 의해 재개된다.

j) 그러나, 레프리는 시합 개시에 있어서, 잔혹한 행위, 또는 경기자의 한편이 시합하는 것을 거부할 때는 경고를 줄 수 있다.

k) 레프리는 어떠한 순간에라도, 매트 위 또는 그 주변에서 위치를 바꿀 수 있어야 한다. 그 복장은 실제적으로, 폴에 들어갈 것 같은 때는 잘 보기 위하여, 순간적으로 엎드릴 수 있는 것이어야 한다.

l) 레프리는 선수가 그 성적을 발표할 때까지 매트 위에 머무르도록 해야 한다.

m) 그레코 · 로망 · 스타일에 있어서는 레프리는 선수의 다리를 보아야 한다.

n) 만일 쟈지가 시합 중 레프리에게 알려야 할 것이 있다고 생각하고 있는데, 레프리 자신이 아직 보고있지 않은 경우, 무엇인가를 알아차린 경우 레프리가 그 의견을 구하지 않은 경우에도, 반칙한 선수에게 상당하는 색의 표시판을 들어 레프리에게 알려야 한다.

o) 쟈시 및 레프리는 매트 · 체어맨의 요청으로 언제나 그 판정의 이유를 서술한 준비가 되어있어야 한다.

p) 시간의 낭비를 피하기 위하여 관계자는 받은 즉시 채점 용지에 서명해야 한다. 시합후에는 용지상 패자는 명료하게 지워야 한다.

q) 시합 중, 쟈지 및 레프리가 매트 · 체어맨을 빼고, 여하한 사람에게라도 말하는 것은 금지되어 있다.

r) 레프리는 위험한 상태의 매초를 그 팔을 움직여 가리켜 주어야 한다.

s) 레프리는 언제라도 매트 끝에서 걸린 폴이 유효한가 그렇지 않

은가 하는 것을 이내 표시해야 한다.

t) 경고가 주어질 때에는, 레프리는 반칙한 선수의 팔을 올려야 한다.

u) 쟛지에게 협의하기 전에, 레프리는 매회 우선 매트 끝에 위치한 쟛지의 의견을 구하여야 한다.

레프리 및 쟛지의 판정

a) 쟛지의 판정은, 만일 전원 일치일 때는 체어맨이 참가하는 일 없이 유효이다.

b) 폴 관계 : 폴은 명확하게 표시해야 한다. 레프리는 그 호루라기를 불기 전에, 폴이 있는 것을 확인해야 한다.

● 분쟁의 경우 판정

국제 규칙, 본 규칙 부록, 기술 위원회 규칙 및 경기 대회   개최를

위한 규칙에 규정되어 있는 정의에 따라, 그 직책, 권한 및 책무를 행
사하는 것이다.

● 쟛지의 판정이 전원 일치하지 않은 때

매트·체어맨은 전원의 채점 용지를 보존하고, 그것을 검토한 위에
쟛지의 용지를 함께 고려하여 자기의 판정에 달하는 것이다.

기술 위원회는 과실을 범한 쟛지 또는 레프리에 대하여 다음의 징계
처분을 실시하는 권한을 갖고 있다.

(1) 경고를 준다.

(2) 위반자를 경기 대회에서 뺀다.

(3) 일정 기간의 정직을 선고한다.

(4) 명부에서 제명을 선고한다.

국제 경기에 있어서, I·A·W·F 대표는 과실을 범한 레프리에 대하
여 다음의 처분을 하는 권한을 갖고 있다.

(1) 경고를 준다.

(2) 경기에서 물러나도록 하고, I·A·W·F 기술 위원회에 통고하
고, 그 케이스의 최종 결정을 한다.

시합의 개시 및 시기

제 11조

각 시합의 시기는 그레코·로망 및 프리 양형 모두 9분간이며, 이
것을 3분씩 3시기로 나눈다.

제 1, 2기간의 3분 후 1분간 휴식을 둔다.

경기자가 신발의 끈을 묶거나, 매트에서 나오거나, 그 외 시합을 방
해하려 하는 때는 언제라도 레프리는 시계 장치를 멈추도록 요청한다.

레프리만이 자기의 확인에 기초하여 시계 장치를 멈추게 할 수 있
으며, 또는 시합을 중지하는 권한을 갖고 있는 것이다.

각 시합은 상대가 진 때가 규정의 최대 시간 내에 있는 경우는, '승'
이 기록되며, 폴로써 수가 세어지면 그것으로 시합은 종료되는 것이
다.

시계원은 매분, 불어, 영어 및 주체국의 국어로 큰 소리로 시간을

외치도록 되어 있다.

제 12 조

선수가 그 이름을 적당하게 불리운 후에도 매트에 나타나지 않은 때는, 폴로 진 것이라고 판정되며, 전부의 경기에서 제외된다.

수락할 수 있는 이유가 있는 경우는 5분간의 여유를 허락할 수 있다. 그러나, 이것은 각급 제 1회전 제 1회 시합에서만이다.

시합 전, 양 선수는 매트에서 상대 코너에 위치하고, 레프리는 매트 중앙에 위치하여 양 경기자를 그쪽으로 불러 복장을 점검하고, 또 양 손에 아무것도 없는가를 확인한다.

경기자는 서로 인사하고, 악수한 다음 각자의 장소로 돌아간다.

레프리가 호루라기를 불면 양 선수는 모두 앞으로 나와 이내 시합을 개시한다.

양자는 시합 종료까지 다시 악수할 필요는 없다.

제 13조

시합은 레프리가 호루라기를 부는 것에 의해서만, 개시되며, 중지 되고, 또는 종료될 수 있다.

경기자의 누구도 그 상대가 매트 끝에서 중앙에 되돌아 올 수 있다 고 자신이 결정할 권한은 없다.

시합의 중단

제 14조

제 1기간 (3분)이 끝나 양 경기자는 각자의 코너로 되돌아 간다.

제 15조

각 라운드는 레슬러의 태세에 영향 받는 일 없이, 항상 3분 간으로 종료된다.

위험한 상태 가 일어난 경우에, 공격자는 5초 계속 그 상태를 유 지하면 2 포인트, 5초 또는 그 이상 유지하면 3포인트 얻을 수 있 다.

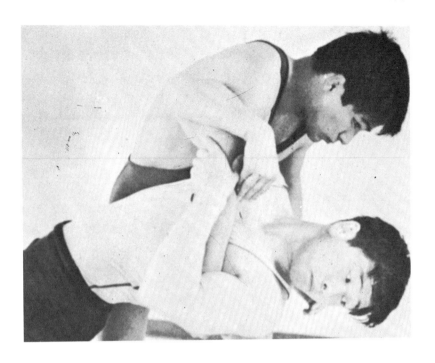

제 16조

1분 간의 휴식 기간 중, 경기자의 트레이너 및 맛사지사는 매트의 끝에 오는 것을 허락받는다 (그들은 트레이닝 셔츠를 착용해야 한다).

트레이너는 시합 전 5초 전에 매트를 떠나야 한다.

그리고 레프리는 양 선수를 매트 중앙으로 불러, 그들이 적당하게 닦여져 있는가를 확인한다.

레프리가 신호한 후 다음 공으로 그 시합의 제 2, 3 기간의 개시를 표시한다.

시합 중 1분간의 휴식 기간 중, 경기자는 만일 희망하면 그 코너에 서있거나, 또는 매트에서 최대 50센치 거리에 있는 작은 허리 걸이에 걸칠 수 있다. 이 기간 중 경기자는 맛사지를 요구하고, 또 트레이너로부터 지시를 받을 수 있다.

트레이너는 경기자를 닦는데 타올을 사용해야 한다.

선수에게 그 힘을 회복시키기 위하여 약품을 주는 것은 금지되어 있다.

레프리는 시합 휴식 기간 중 트레이너 및 맛사지사의 행동을 감독

할 필요가 있다.

트레이너는 선수에게 지시를 한다. 그러나 단 위에 서는 것은 허락되지 않는다.

레프리는 이들이 규칙을 지키지 않는 때에 경고를 준다.

매트·체어맨은 이와같은 위반에 대하여 트레이너를 실격시키고, 만일 위반을 다시 행하는 때는 그 경기 대회의 전 기간 실격시키는 권한을 갖고 있다.

만일 그 트레이너가 실격한 경우, 선수는 다른 트레이너를 요청할 권한을 갖고 있다.

시합 제 2, 3 기간

제 17조

2, 3 라운드는 앞 라운드 끝의 양 선수의 태세와는 관계없이 어떤 경우에라도 서서 개시한다.

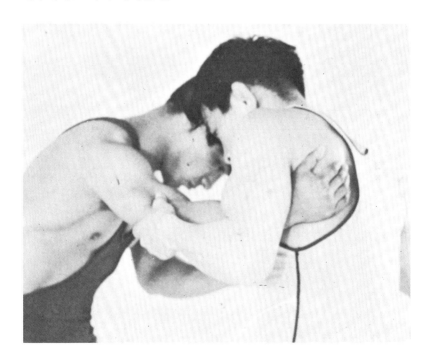

매트 사이드에서의 레슬링

제 18조

《스탠딩》

a) 3개의 다리가 매트 밖으로 나온 경우는, 시합을 중단하고 레슬러를 매트 중앙으로 되돌리고, 또 스탠딩·포지션으로 레슬링을 계속시킨다.

b) 홀드를 걸고 있을 때, 상대의 양발이 매트 밖으로 나가도 좋고, 매트 위의 레슬러는 그 동작을 완료하는 것을 허락받는다. 레프리는 그 동작이 완료되자마자 이내 호루라기를 분다.

c) 매트 밖에 있는 레슬러는 만일 상대가 아직 매트 위에 있는데 홀드를 걸어서는 안된다.

d) 레슬러 양자 모두 매트를 떠났을 때는, 매트 끝을 가로지르는 순간에 레프리는 스탠딩 또는 그라운드로 그들을 매트 위로 되돌아 오도록 명령한다.

e) 그라운드에 쓰러져 그것을 유지하지 않고 양자가 매트에서 나가는 결과가 된 경우는, 매트 중앙에서 재개 된다.
마찬가지로, 그라운드에 쓰러져 양자가 라인을 넘은 때는, 시합은 스탠딩·포지션으로 재개된다.

f) 만일, 들어올려진 레슬러의 양발이 매트 밖에 있는 때 및 홀드를 걸고있는 레슬러가 한발을 매트 밖으로 낸 경우, 3개의 다리가 매트 밖에 나온 것으로 인정된다.

g) 홀드가 유효하기 위해서는 머리부분 및 양 어깨를 매트 범위 내로 가져가야 한다.

《그라운드》

a) 아래쪽의 레슬러가 매트 안에 있으면 (3개 또는 4개의 다리가 밖으로 나와 있어도) 레슬링이 안쪽에서 계속되고 있는 한 시합은 계속된다.

b) 아래쪽의 레슬러가 홀드를 걸어 그것으로 그 자신 및 상대를 매트 밖으로 낸 때는, 시합을 중단하게 된다. 그리고 레슬링은 매트 중앙에서 스탠딩·포지션으로 재개된다.

c) 아래쪽의 레슬러의 머리 부분이 그 양손 및 양 어깨 모두 매트 밖으로 나간 경우는, 시합은 중지되는 것이다.

d) 아래쪽의 레슬러의 양손이 공격 결과 매트 밖의 바닥에 스칠 때 는, 시합은 중단되고, 레슬러는 매트 중앙, 무릎 포지션으로 되 돌아 간다.

e) 홀드 결과, 상대의 양손이 매트 밖으로 나간 때는, 시합은 스탠 딩·포지션으로 재개된다. 그러나 만일 그의 양팔 및 양손이 밖 으로 나가기 전에 라인 안쪽에 스친 때는 시합은 그라운드에 서 개최된다.

그라운드 · 레슬링

제 19조

만일, 시합 중 레슬러 한명이 그라운드에 쓰러진 경우는, 레슬링은 그라운드로 계속된다.

아래쪽의 레슬러는 그 상대의 노력에 대항하여 일어날 수 있다.

레슬러 한명이 이 포지션으로 매트에서 나간 때는, 시합은 매트 중앙에서 재개되며, 그 레슬러는 그라운드 포지션에 놓인다.

시합이 재개된 때 그라운드·포지션을 취해야 하는 경기자는, 그 양손 및 양팔꿈치를 벌리고, 그 양 무릎에서 적어도 20센치 거리에 두고, 매트 위에 양 손 및 양 무릎을 대도록 해야 한다. 그 양팔은 벌리고, 양발은 교차한다. 상대 레슬러의 포지션을 확인한 후 레프리는 호루라기를 분다.

윗쪽의 레슬러는 자발적으로 공세를 취한다. 그러나, 다른 레슬러의 등에 양손을 평행하게 두는 것에 의해 상대와 접촉해야 한다. 처음에·자유로이 자세를 바꿀 수 있다. 그리고 윗쪽의 레슬러를 공격할 수 있다.

아랫쪽의 레슬러는 그 상대의 노력에 대항하여 일어날 수 있다.

레슬러 한명이 그라운드에 쓰러진 때는, 그는 적극적이어야 한다. 만일, 레슬러의 상대가 소극적일 때는 레프리는 양자에게 맞서도록 명령하고, 시합을 스탠딩·포지션으로 계속하도록 한다.

제 20조

레슬링은 항상 레프리가 호루라기를 부는 것에 의해 시작된다.

위의 포지션의 레슬러가 그 상대에게 뛰어드는 것에 의해 레슬링을 재개하는 것은 금지되어 있다. 만일 이 위반을 범하는 때는, 레프리는 과실을 한 레슬러를 꾸짖고, 그라운드의 레슬러를 일으키도록 한다.

상위의 레슬러는 홀드를 방해하고, 또는 매트 위의 최초의 포지션으로 되돌아가려 하는데 이것은 허락되지 않는다.

제 1, 2, 3기간 및 시합의 종료

제 21조

계시원은 제 1, 2, 3 기간의 종료 및 시합의 종료를 알린다. 만일 레프리가 공(gong)을 듣지못한 때는 매트·체어맨이 개입하여 시합을 종료시킨다.

공(gong)과 레프리의 호루라기 사이의 여하한 동작도 무효이다.

시합이 종료되면, 레프리는 매트 중앙의 임원석에 면하여 위치한다. 레슬러는 악수하고, 레프리의 양쪽에 위치하고, 쟛지의 판정을 기다린다.

파울 · 홀드

제 22조

머리카락, 피부, 귀, 음부 및 유니폼을 잡아당기는 것은 금지되어 있다.

손발의 손가락, 발가락을 비트는 것도 금지되어 있다.

뛰어차기, 목 조이기 및 상대의 생명을 위협하는, 또는 사지의 골절 또는 탈구를 일으킬 우려가 있는 홀드를 거는 것도 마찬가지로 금지되어 있다.

상대를 고통스럽게 또는 아프게 하여 그를 그만두도록 하려는 의도로 하는 홀드도 금지되어 있다.

상대의 발을 밟는 것도 금지되어 있다.

상대의 얼굴의 눈썹이나 입에 손을 대는 것도 금지되어 있다. 목구멍을 잡는 것도 금지되어 있다.

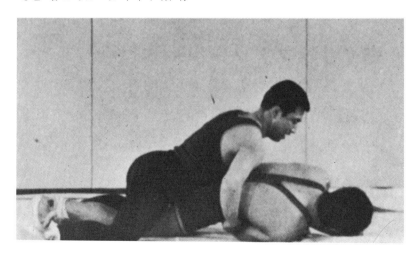

스탠딩·포지션으로 뒤에서 상대의 머리 부분을 아래로 향하도록 쓰러뜨릴때(인 바스트·웨스트·홀드)걸린 홀드의 경우, 옆쪽으로만 쓰러뜨리고 머리부터 아랫쪽으로 떨어져서는 안된다 (해드·화스트·파이크) 홀드를 걸고 있는 경기자의 발이 아닌 신체 전부가, 공격을 받고 있는 경기자의 상체가 닿기 전에 매트에 스쳐서는 안된다.

브릿지는 눌러야 한다. 즉, 상대가 브릿지·포지션에 있을 때에 이것을 들어 올려 매트 위로 던지는(지상과의 심한 충격) 것은 금지되어 있다.

풀·넬슨은 허락된다. 단, 홀드는 항상 옆에서, 다리를 상대의 신체의 어떤 부분에라도 어떤 방법을 사용해서라도 걸어야 한다. 상대의 다리를 90도 이상으로 구부리는 것도 마찬가지로 금지되어 있다.

양손을 사용하는 해드·홀드는 금지되어 있다.

홀드를 걸 때, 머리 부분을 잡는 것은 한팔만을 사용하도록 허락되어 있기 때문이다.

팔꿈치 또는 무릎으로 상대의 배 또는 위를 찌르는 것은 금지되어있다.

상대의 팔을 무리하게 등으로 돌리고, 아랫팔과 팔이 예각으로 되도록 하는 동시에 압력을 가해서는 안된다.

해드·록은 그것이 여하한 방법으로 거는 것이라 하더라도 금지되어 있다.

경기자는 시합 중 서로 말해서는 안된다.

파울·홀드 (그레코·로망·스타일)

상대의 허리에서 아래를 잡는 것 또는 상대의 팔을 잡는 것은 금지되어 있다.

상대의 신체의 일부분에 접촉해 있을 때 다리로 누르거나, 압력을 가하거나, 또는 들어올리는 모든 동작은 금지되어 있다.

예를들면, 그라운드에서 레슬링이 진행 중, 공격자가 그 다리를 무릎과 함께 끼어 사용하여, 상대를 들어올려 폴을 얻으려고 하는 것은 금지되어 있다.

파울·홀드 (프리·스타일)

발 또는 다리로 상대의 발을 차거나 치는 것은 금지되어 있지 않다.

머리 부분 또는 신체에 다리로 시더·그립을 거는 것은 금지되어 있다.

발로 어떤 홀드를 걸 때, 상대와 함께 그라운드에 닿아가는 것은 필요한 것이다.

프리·스타일 및 그레코·로망 쌍방에 있어서 상대의 유니폼을 잡는 것은 금지되어 있다.

위험한 상태

제 23조

레슬러가 매트에 등을 향하고 수직 90도를 넘어, 양 어깨를 매트에 대어지고있는 포지션(폴)이 되는 것을 피하기 위하여 상체로 저항하는 때, 위험한 상태가 됐다고 인정된다.

이 레슬러는 그 머리, 양 팔꿈치 및 양 어깨로 저항할 수 있다.

(1) 방어하고 있는 레슬러가 폴을 피하기 위하여 브릿지가 된 때.

(2) 방어하고 있는 레슬러가 매트에 등을 향하고, 양 어깨를 눌리는 것을 방어하기 위해 한쪽 또는 양쪽 팔꿈치에 타던가, 또는 양 팔꿈치 위에 쓰러지는 때.

(3) 레슬러가 한쪽 어깨 위에 옆으로 길게 눕거나, 다른쪽의 어깨가 수직선을 90도 넘은 때.

(4) 레슬러가 폴되어 양 어깨가 1초에 이르지 않은 때.

이상 (1)(2)(3)(4) 의 경우 위험한 상태라고 할 수 있다.

레프리는 위험한 상태가 계속되는 한, 각 순간적 포지션에 대하여 매 초를 세기 시작하여, 5까지 세는 것이 요구되고 있다. 레슬러가 그 머리 및 복부를 매트에 향하여 수직선 90도를 넘은 후, 공격되고 있는 레 슬러가 다시 위험한 상태가 되기 때문에, 그 배 또는 가슴을 향하도록 젖히는 때도 마찬가지로 세어야 한다.

브릿지가 되기 위하여 양 팔꿈치의 도움으로 한쪽 어깨에서 다른쪽 어깨로 돌거나, 또는 이 반대 경우는 2점 동작이라고 인정되며, 만 일 이 포지션이 5초간 계속될 때는 이 동작은 3점이 된다.

5초 센 후 레프리는 손을 들어 손가락 3개를 보여 위험한 상태 에 있는 레슬러를 쟷지에게 5초 경과하여 3점의 실점을 받았다는 것 을 표시한다.

경고(**警告**)

제24조

레프리는 쟷지 1명의 동의를 얻어 다수결에 따라 과실을 범한 레 슬러에게 경고를 준다.

다음의 경우는 경고를 준다.

(1) 소극적 방해

(2) 파울 · 홀드

(3) 시합 중의 범률(犯律)의 흠가(欠如)

(4) 규칙 위반

소극적 방해에 대한 경고는, 소극적 방해라고 이름붙여진 규칙 부분 에 규정되어 있는 경우에 주어진다.

소극적 방해에 대한 경고는, 시합 중 여하한 때에도 레슬링이 스탠딩 또는 그라운드로 실시되고 있는 것에 구애됨이 없이 줄 수 있다.

최초의 경고를 받은 30초 후에, 경고가 주어진 것을 당해 레슬러에게 지적한다. 이를 위한 쟛지의 동의는 필요없다. 레프리는 자기의 발의로 이것을 실시할 권한을 갖고 있다.

(2), (3) 및 (4)의 경우는 그들과 같은 예고를 과실한 레슬러에게 줄 필요없이, 경고는 이내 주어져야 한다.

경고는 관중에게 알리고, 레프리는 죄를 받지 않은 쪽의 팔을 든다. 만일 양자 레슬러가 경고를 받을 때는, 레프리는 동시에 양팔을 올려 상대 레슬러가 벌을 받았다는 것을 표시한다.

경고를 받은 것은 만일 한명이 동의하지 않은 때라도 쟛지 용지에 기록한다.

제25조

만일, 파울·홀드의 결과 이 홀드를 건 경기자가 불리한 포지션이 된 때는, 시합은 중단되는 일 없이 계속된다.

규칙에 반대되는 홀드의 결과 얻게되는 이익은, 만일 경기자가 이미 그 홀드를 푼 후라고 하더라도 취소되어야 한다.

레프리는 홀드를 푸는 일 없이 이 불법 행위를 멈추게 해야 한다. 위험을 동반하지 않는 경우는, 레프리는 홀드의 전진을 허락하고 어떤 결과가 되던지, 그 후 자유로이 행동할 수 있다. 즉, 그 홀드를 승인하고, 또는 취소하여 과실을 범한 레슬러에게 경고를 준다.

불법 행위를 범한 경기자에게 관한 레프리의 책무는 다음과 같다.

(1) 불법 행위를 끝내게 한다.

(2) 만일 위험하다면 그 홀드를 풀게 한다.

(3) 경고를 요청한다.

(4) 과실한 경기자를 패자라고 선고해도 좋다.

경고는 당해 경기자의 국어로, 만일 필요하다면 통역을 통하여 알릴 수도 있다.

어느쪽이 오픈·레슬링을 하고 있는가, 어느쪽이 겨루기를 피하고 있는가를 관찰하고, 충분히 주의를 하는 것은 매우 중요한 일이며, 특히 활발한 동작이 없는 때에 그렇다. 또, 이것은 시합의 최종 단계에 있어서도 가장 중요하다. 레프리는 만일 그 때까지 아무것도 일어나

지 않았거나, 또는 양 레슬러에게 소극적 방해의 징조가 있을 때는, 경고를 주는 것에 의해 양자를 진지하게 겨루도록 해야 한다.

파울·홀드에 대하여 주어진 경고는 시합 중 범한 과실과 함께 계산되어진다.

'패자로 선언한다'및 '실격'과의 사이를 확실하게 구별해야 한다.

3회의 경고 후에는 그 이유에 상관없이 과실을 범한 공격자는 패자로 선고받는다.

경고가 주어진 경우는, 시합은 중단되고, 마찬가지로 계시 장치도 중단 된다. 경고는 명료하게 주어지며, 경기자 및 관중이 무엇 때문에 그런가를 충분히 이해할 수 있도록 해야한다.

단, 경고는, 적어도 3표 또는 다수결에 의하여 확인된 때에만 유효한 것이라 한다. 챗지는 상대의 기입란에 준 점수의 숫자를 0으로 표시하고, 경고를 마크해야 한다.

소극적 방해의 경우에는, 레프리는 시합을 중단하기 전에 쟛지의 의견을 구한다.

위험을 동반하는, 금지된 홀드에 대한 경고의 경우에는, 레프리는이내 시합을 중단하고, 그리고 경고를 주기 전에 쟛지의 의견을 구한다.

만일, 레슬러가 부정한 방법으로 홀드를 막은 경우, 예를들면, 그레코·로망에서, 만일 들어올려진 레슬러가 그 공격자의 양 다리를 건때, 레프리는 호루라기를 부는 일 없이 부상을 동반하지 않는 때는, 홀드를 거는 것을 허락하고, 또 그 동작이 계속되고 있는 사이에 쟛지의 주의를 받아들인다. 쟛지는, 그 케이스의 진가에 따라 채점하고, 그리고 그 직후에 과실한 레슬러에게 경고를 준다.

만일, 불법 행위 후, 공격받은 레슬러가 폴되어도, 이 폴은 유효가 아니며, 불법 행위를 범한 경기자에게 경고를 주어야 한다.

만일, 쟛지는 3분간 끝에, 경고를 받은 것에 동의하고 공(gong)이 울렸기 때문에, 레프리가 이 경고를 발할 시간이 없는 경우, 이 경고는 유효하며, 공(gong)이 울린 후에 레프리가 발한다.

만일, 레슬러가 레프리의 결정에 따르기를 거부할 때는, 후자는 후에 2회 연속하여 통고하고, 레슬러가 또 명령을 실시하지 않을 때는 경고를 주도록 한다.

상당히 중요한 불법 행위인 경우에는, 이내 다수결에 의해, 매트·체어맨의 승인을 얻어, 그 경기 대회의 전 기간중 실격을 선고한다.

소극적 방해 (妨害)

제 26조

공격의 경기자의 홀드를 연속 방해한다고 인정되는 것.

고의로 매트에서 도망가는 것.

연속 엎드리는 자세를 취하는 것.

및 상대가 투쟁에 종사하려는 것을 막을 목적으로, 그 양손을 잡는 것은 소극적 방해라고 인정된다.

제 27조

적극성에는 아무런 특별한 점수를 얻지 못한다. 또 적극성은 시합의 승패를 정하는 요소도 되지 않는다.

제 28조

매트의 밖으로 나가는 경우는, 과실한 경기자는 경고를 받는다. 그러나, 레프리는 그 경기자가 상대에게 밀렸다는 것을 확인해야 한다.그 다음, 레프리는 과실한 레슬러에게 경고의 이유를 설명해야 한다.

● 자동적인 경고(警告)

제 1 라운드에서 양 선수가 적극적으로 행동하지 않고, 아무런 득점도 없이, 또, 상대가 경고를 받는 것에 의한 득점도 없는 경우에는, 자동적인 경고가 양 선수에게 주어진다. 이 경고는 사전에 주의가 없는 경우에도 내려진다.

● 소극성 (消極性)

선수가 움직이지 않는 경우 소극적인 방해를 실시하면, 다음의 조치가 이루어진다.

 a) 선수 한편이 매트 밖으로 도망간 경우, 레프리는 휫슬을 분 다음 타임을 선고한다. 만일 레프리가 이 지시를 잊은 경우에도 타임·키퍼는 레프리의 휫슬에 근거하여 진행 시간을 정지시켜야 다.

 b) 선수가 멋대로 매트를 떠난 경우, 레프리는 타임을 선고하고, 과실을 범한 레슬러에게 주의를 주어야 한다. 위의 기술과 같이, 선수가 멋대로 매트를 떠나거나, 레슬링을 피하는 일체의 동작이나 행위는 소극적인 방해 행위라고 간주된다. 또 상대를 매트에서 밀어내는 레슬러에게도 소극성에 대한 경고가 내려진다.

 c) 선수가, 서서 넘기는 기술, 또는 누워 메치는 수를 막론하고, 다시 매트 밖으로 나가면, 최초의 경고가 주어진다. 그러나, 레프리는 이 경우에 선수가 매트에서 멋대로 나갔는가, 상대에 의해 밀려나갔는가를 확인해야 한다.

 d) 2 회째의 경고는 3번에 걸쳐 선수가 매트 밖으로 나가거나, 레슬링을 피하는 경우에 주어진다.

 e) 선수는 더욱 매트 밖으로 피하거나, 레슬링을 피하거나 하면 실격된다. 단지 선수를 실격시키기 위해서는 심판단의 레프리, 쟛

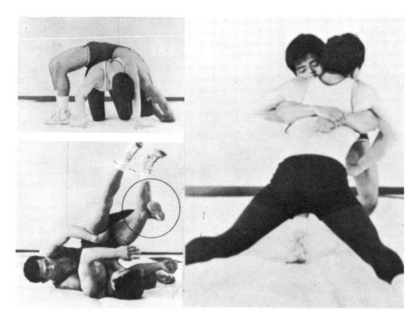

지 및 체어맨 기술 위원 3명 이상의 동의가 필요하다.

f) 선수에게 최초의 경고를 하기 전, 그 과실에 대한 주의가 이미 주어져야 한다. 단, 자동적 경고는 제외.

g) 선수에게 경고를 주기 전, 레프리는 쟛지에게 그 동의를 구한다. 만일 의견이 일치하지 않는 경우는 레프리는 매트·체어맨에게 협의해야 한다.

시합의 중단 (中斷)

제 29조

경기자가 코피, 거꾸로 되어 머리를 박거나, 그 외 어쩔 수 없는 수락할 만한 이유 때문에 시합을 중단시켜야 할 경우, 레프리는 5분간 시합을 중지시킬 수 있다.

이 중지는, 각 레슬러에 대하여 1회 또는 그 이상의 횟수 합계 5분간으로 허락이 가능하다. 만일 이 5분간이 같은 레슬러에 대하여 초과할 때는 시합을 계속할 수 없다. 단, 허용 기간이 다 되었음을 부상당한 레슬러에게 알려주어야 한다.

만일, 쟛지 또는 레프리가 중대한 과오를 범한 때는, 매트·체어맨이 개입하여 공(gong)을 울려 시합을 중지시키고, 레프리 및 쟛지와 협의하여 협의한 사항을 실시한다.

폴

제 31조
폴의 인정은 한편의 선수의 양 어깨가 동시에 매트에 닿고, 레프리가 그것에 대하여 1카운트의 선고를 하는 동안 상대를 누르고 있는 경우에 내려진다. 폴이 생긴 경우, 레프리는 그의 손바닥으로 매트를 한번 친다.

점수에 의한 승(勝)

제 32조
그레코·로망 및 프리·스타일 쌍방의 시합 기간으로써 규정된 9분간에 폴이 없을 때는, 쟛지는 그 채점 용지를 공식 대표자에게 넘겨주고, 승자를 지명 또는 시합이 무승부 라는 것을 결정한다.

판정(判定)

제 33조
매트·체어맨은 쟛지 용지를 검사하는 사람이다. 만일 쟛지 1명과 체어맨이 일치할 때는 그대로 판정을 내릴 수 있다.

● 판정 및 투표에 관하여
—— 레프리는 명확한 방법으로 손을 드는 것에 의해 결정을 지시한다. 쟛지가 레프리에게 동의하면, 그 결정이 선언되는 것이다.
—— 쟛지는, 빨강, 파랑, 흰색의 3색 밧트를 사용하여 투표를 실시하는 것이다.
—— 쟛지는 협의를 받은 경우에는 반드시 투표해야 한다. 그리고, 명확한 방법으로 주저없이 투표해야 한다.
—— 레프리, 쟛지는 이와같이 투표에 관여한다. 투표가 동수가 된 경우에 투표의 결과는 아래의 기술의 표에 따라 결정된다.

● 한쪽 선수에 관한 투표

a) 한쪽 선수만에 관한 투표의 경우, 쟛지는 1개의 밧트만을 든다. 즉 결정에 찬성하는 경우는 당해 선수에게 속하는 색의 밧트를, 또 반대인 경우에는 백색의 밧트를 든다.

결과가 적(청)인 경우는 결정은 그 선수에게 선고된다. 결과가 백인 경우에는 취소된다.

● 쌍방의 선수에 의한 투표

b) 투표가 양 선수에게 걸리는 경우, 쟛지가 양 선수를 처치할 때, 또는 쟛지는 레프리에 의해 지적된 선수의 상대쪽을 처벌하려고 할 때에는 적, 청, 백의 3색이 투표에 이용된다.

그리고 결과는 다음에 기술한 표에 따라 결정된다. 쟛지는 다음과 같이 밧트를 든다.

—— 문제의 선수가 청인 경우 청

—— 문제의 선수가 적인 경우 적

—— 양 선수 모두 문제인 경우 청, 적

—— 결정에 반대인 경우 백

적 또는 청색인 밧트만이 결과를 결정한다.

결정은 다수결에 의해 각 선수에게 선고된다. 투표가 같은 경우에는, 매트・체어맨이 캐스팅・보드를 잡는 것으로 다음과 같은 재결을 내릴 수 있다. 즉 한명의 선수에게는 한색으로, 양 선수에게는 두색으로, 그리고 결정을 취소하는 경우는 백색으로 표시한다.

레프리	쟛 지	결 과
적(청)	적(청)	적(청)
적(청)	백	적(청)
적(청)	백	매트・체어맨 개입
적(청)	백	백

적	청	결 과
2	0	적
0	2	청
1	1	매트・체어맨 개입
1	0	매트・체어맨 개입
0	1	매트・체어맨 개입

● 실격에 대하여

c) 실격은 쟛지, 레프리 및 부심단 2 명 전원의 동의에 의해서만 선고 된다.

● 시합의 종료 결과

e) 항의가 있는 경우에는, 부심단의 스코어링·페이퍼가 쟛지의 페이퍼와 함께 참조된다. 결과는 다수결에 의해 결정되며, 이 결정은 최종적인 것이다.

결승에 대한 규칙

제 36조

예선은 결승 리그전으로의 출장자 3 명 이내가 될 때까지 계속한다.

a) 결승 리그전 출장의 자격은 벌점 6 미만의 사람에게 주어진다.

b) 벌점이 그 이상이 된 레슬러에게는 결승 리그전에 출장할 자격이 주어지지 않는다. 단, 다음에 기재하는 특별 항에 규정되어 있는 경우에는 예외이다.

c) 벌점 6 미만의 2 에서 3 명의 레슬러는 그때까지 받은 모든 벌점을 없앤 다음 결전 리그전에 출장하여, 새로운 최후의 순위 결정을 겨룬다.

d) 만일, 결전 리그전으로 출장하는 사람이 서로 예선에서 붙었던 경우에는, 그들은 재결할 필요가 없다. 단 그들 사이에 있어서의 승부의 결과는 순위 결정 때 고려된다.

● 특별 사항

a) 만일, 벌점이 6 미만의 결승 리그전에 나갈 출장자가 한 명밖에 남아있지 않은 경우, 그는 당연 우승자가 된다. 3 위와 2 위는 다음 c 항에 의해 결정한다.

b) 만일 벌점이 6 미만인 결승 리그전에 나갈 사람이 2 명밖에 남지 않은, 다른 1 명이 전의 회전에서 벌점 6 점을 받아 실격되어 있는 경우에는 , 결승 리그전에 나갈 수 있는 2 명에 의해 1, 2 위가 갈려지며, 남은 1 명은 3 위에 랭크된다.

c) 만일, 모든 결승 리그전 출장자가 동일 회전에서 벌점 6 이나

  그 이상이 되어 소거된 경우, 그들은 다음과 같은 방법에 의해
순위가 결정된다.
  보다 벌점이 적은 레슬러가 우승이 된다.
  만일 2에서 4명의 선수가 같은 벌점인 경우에는, 그들에게 순
위를 주기 위하여 최종 회전이 마련되어야 한다.
  만일, 최종 회전에 출장하는 선수가 서로 앞 회전에서 붙은 경우
에는 그 시합의 결과에서 생긴 벌점을 참고로 한다.

● 순위의 결정
최후의 순위는 다음과 같은 방법으로 결정된다.
a) 결승 리그전에 있어서 벌점이 최소인 사람이 우승자가 된다.
b) 결승 리그전에 있어서 3명중, 2명의 선수가 벌점 동수로, 한
    쪽이 다른쪽에 패한 경우, 이 결과를 살린다.
c) 결승 리그전에 있어서 모든 레슬러의 벌점이 동수로, 서로 시합
    을 이미 한 경우에는, 동위자를 내지않기 위하여 그 경기 대회

중에 받은 벌점 합계를 고려하여, 그들에게 순위를 주도록 한다.

d) 또, 이 벌점 합계가 동일한 때는, 다음의 항에 준한다.

—— 우선, 보다 폴 수가 많은 레슬러를 뽑는다.

—— 이어서, 보다 판정승이 많은 레슬러를 뽑는다.

—— 가장 무승부 수가 적은 선수를 뽑는다.

—— 마지막으로, 결승 리그전에서 경고가 가장 적은 선수를 뽑는다.

국제 경기에 참가하는 팀의 구성

국제 경기 참가의 각국 팀의 동행하는 임원의 수는 아래와 같다.

모든 임원은 각자 비용을 사용하던가 또는 그 속하는 나라의 연맹이 부담한다.

올림픽 대회, 세계 선수권 및 대륙 선수권 대회에 복무하는 모든 심판원은 반드시 F · I · L · A 국제 공인 레프리 · 쟛지에서 인정하는 제 1 급 자격을 갖고 있는 사람이어야 한다.

제 1급 심판원은 하급 임원에 의해 교대될 수 없다.

하급 심판원은 그가 속하는 나라의 제1급 심판원이 경기 대회에 출석할 수 없어도, 자신이 나라를 대신할 수 없고, 또 국제 경기 대회에서 복무할 수도 없다.

● 국제 공인 심판원의 권리에 대하여

임원은 다음에 나타내는 경기 대회에 복무하는 자격을 갖는다.

—— 올림픽 대회, 세계 및 대륙 선수권 대회

　　제 1급 심판원

—— 지역 대회 국제 토너먼트 및 2개국 간의 경기 대회

　　제 1급 및 제 2급 심판원

—— 국제 시합

　　제 1급 및 제 2급 심판원

　　개최국에 한하여 제 3급 심판원

—— 클럽 대항 경기 대회

　　제 1급, 제 2급 및 제 3급 심판원

● 국제 심판원 자격 시험

a) 제 2급 및 제 3급은 각자 적응성을 표명하기 위하여, 또는 상급으로의 승격을 기하기 위하여 자격 시험을 패스해야만 하는 것이다.

　제 2급 및 제 3급 심판원은 그 소속 연맹이 국제 경기 대회의 심판원 참가 규정에 따라서, 제 1급 심판원을 파견하는 경우에는 자격 시험을 받을 자격만을 보유하게 된다.

선　　수	임　　원	국제 증인 레프리·잣지
8	4	2 명을 포함한다.
7	3	1 명을 포함한다.
6	3	1 명을 포함한다.
5	3	1 명을 포함한다.
4	3	1 포함한다.
3	2	
2	1	
1	1	

판권
본사
소유

현대 레슬링 교본

2024년 6월 10일 인쇄
2024년 6월 25일 발행

지은이 | 현대레저연구회
펴낸이 | 최 원 준

펴낸곳 | 태 을 출 판 사
서울특별시 중구 다산로 38길 59 (동아빌딩내)
등 록 | 1973. 1. 10 (제1-10호)

ⓒ 2009. TAE-EUL publishing Co.,printed in Korea
※ 잘못된 책은 구입하신 곳에서 교환해 드립니다.

■ 주문 및 연락처
우편번호 04584
서울특별시 중구 다산로 38길 59 (동아빌딩내)
전화 : (02) 2237-5577 팩스 : (02) 2233-6166

ISBN 978-89-493-0683-4   13690